LOS ONCE

Los chefs que abren
el camino del futuro

1.ª edición: diciembre 2014

© Pau Arenós, 2014
© Ediciones B, S. A., 2014
    Consell de Cent, 425-427 - 08009 Barcelona (España)
    www.edicionesb.com

Printed in Spain
ISBN: 978-84-666-5552-1
DL 21697-2014

Impreso por LIBERDÚPLEX, S.L.U.
Ctra. BV 2249 Km 7,4 Polígono Torrentfondo
08791 - Sant Llorenç d'Hortons (Barcelona)

LOS ONCE

Los chefs que abren
el camino del futuro

Albert Adrià · David Muñoz · Ángel León
Francis Paniego · Paco Pérez · Josean Alija
Paco Roncero · Eneko Atxa · Ricard Camarena
Marcos Morán · Paco Morales

Por Pau Arenós

CENTRAL

GRUPO ZETA

Barcelona · Madrid · Bogotá · Buenos Aires · Caracas · México D.F. · Miami · Montevideo · Santiago de Chile

CRÉDITOS DE RECETAS Y FOTOS

Del capítulo «Solo Albert»
Recetas: Albert Adrià
Fotos: Moisés Torne

Del capítulo «David X»
Recetas: David Muñoz
Retrato de David Muñoz: Javier Peñas
Foto de cococha al pilpil y conejo y anguila:
    José Luis Roca
Foto de rape chifa: Archivo Diverxo

Del capítulo «El cocinero del capitán Nemo»
Recetas: Ángel León
Fotos: Álvaro Fernández-Prieto

Del capítulo «Bajo un manto de hojas»
Recetas: Francis Paniego
Retrato de Francis Paniego: Justo Rodríguez
Fotos recetas: José Luis Galiana

Del capítulo «150.000 kilómetros»
Recetas: Paco Pérez
Fotos: Francesc Guillamet

Del capítulo «El verde que sujeta»
Recetas: Josean Alija
Retrato de Josean Alija: Jose Luis López Zubiria
Fotos recetas: Andoni Epelde

Del capítulo «La mesa de "Blade Ramen"»
Recetas: Paco Roncero
Fotos: Javier Peñas

Del capítulo «La doble alma»
Recetas: Eneko Atxa
Foto guisantes: Mikel Ponce
Retrato y fotos otras recetas: Archivo Azurmendi

Del capítulo «Toca, Ricard, toca»
Recetas: Ricard Camarena
Retrato de Ricard Camarena: Mikel Ponce
Foto de la cigala templada: David Rey
Foto de pescadilla: José Manuel Barrero
Foto de tataki de vieira: Juan José Peret

Del capítulo «La viga maestra»
Recetas: Marcos Morán
Foto Marcos Morán: Joaquín Fanjul
Foto cococha: Joaquín Fanjul
Foto navaja: Arnau Spanï / Archivo Casa Gerardo
Foto cigala: Marino Busto / Archivo Casa Gerardo

Del capítulo «El Pequeño Califa»
Recetas: Paco Morales
Fotos retrato de Paco Morales: Oscar Garrido
Fotos mercado y frutos rojos: Oscar Garrido
Foto espinacas: Juan Carlos Francés

ÍNDICE

Los especialistas

Algunos cocineros prefieren ocultarse tras los platos y, otros, mostrarse con la complejidad de lo que se entiende de un vistazo. Una carta es una biografía o un escudo. Puedes conocer a alguien comiendo lo que ha cocinado o desorientarte entre esos vapores.

Los once chefs retratados en el libro se cuentan con lo que cocinan, pero —lo más importante— se cuentan de viva voz. Escribir sobre gastronomía es, demasiadas veces, un inventario. Escribir sobre restaurantes es, demasiadas veces, enumerar platos, hacer una lista de asombros, exhibir los trofeos. Un tedio de disecaciones en el que un tragaldabas explica lo que comió sin haberlo entendido del todo.

Hay más textos con olor a moho y a cerrado que artículos que soplan aire fresco en la coronilla. Los cazadores colgaban cabezas de búfalos con la lengua azul y ciervos descornados en los gabinetes, y los merodeadores, la foto de una costilla en Twitter o ese ceviche con el que han lagrimeado. No distingo entre profesionales y aficionados: en la actividad de narrar mal estamos todos.

Pero ¿quién hay detrás? Los cocineros son tan públicos que no se sabe nada de ellos. Cuanto más se muestran en las redes sociales —hay que ser un maestro de la comunicación para sobrevivir—, más ocultos permanecen. Estar a la vista de todos es el mejor modo de esconderse.

Los relatos que aquí se presentan son francos. Ellos aparecen como personas que dudan antes que como individuos con superpoderes *gastro*. Historias potentes, íntimas, reveladoras, en las que el padecimiento y la alegría son dos ingredientes. Cada uno está por una razón, más allá de la valía, y con una exigencia: que su historia conforme un pedazo único e irrepetible. Si estas personas no fueran los avanzados del oficio también merecerían un capítulo por lo atractivo de su fe, de su lucha, de su ambición.

El libro cierra una trilogía que nunca fue pensada como tal porque ha ido creciendo según la necesidad y al compás del tiempo. *Los genios del fuego* (1999), *La cocina de los valientes* (2011) y *Los once* (2014). Entre la publicación del primero y el tercero se dilatan quince años y ese es el pedazo de crónica que se cuenta, un álbum de la cocina contemporánea que comencé en Catalunya, seguí por España y busqué por el mundo.

De leer los tres de una sentada —¡jamás, indigestión!— el lector sabrá cómo nació y ramificó el movimiento tecnoemocional y de qué manera ese colectivo ha ido renovándose y sobrepasando las copas con nuevos brotes.

Las edades y las gentes están mezcladas. Las generaciones no siguen el patrón de la edad, lo que desconcierta a los amantes del orden: entre Juan Mari Arzak y Jordi Roca hay treinta y seis años; y entre Paco Morales y Paco Pérez, diecinueve. ¿Puede compartir el espíritu gente a la que la cronología aparta décadas? Sí. Sí y sí. ¿No es acaso esa combinación de experiencias lo que da riqueza? La pervivencia de los mayores demuestra que la idea de juventud es solo un reclamo publicitario.

Por desgracia, escribir sobre la vanguardia es escribir a la defensiva. La justificación es recurrente. La disculpa, una obligación. Y no debería serlo. La vanguardia va delante para abrir camino y amparar a los que llegan detrás. El enemigo masacra a los adelantados.

Llegados a este punto de la presentación, la pregunta quema. ¿Qué vanguardia? Después del *espíritu de cala Montjoi*, después de la revolución tecnoemocional, después de Ferran Adrià, Joan Roca, Andoni Luis Aduriz, Juan Mari Arzak, Pedro Subijana, Quique Dacosta, Dani García, Carme Ruscalleda y Martín Berasategui, por citar a los cabecillas, ¿qué? ¿Son estos de los que se habla aquí iguales o distintos? Representan la evolución de un modelo de éxito que nunca estuvo enyesado, manos y pies se movieron con libertad, aunque ligados a un mismo cuerpo; o, al menos, a la idea de un cuerpo.

Pensar que después de cambios estructurales como los que impulsó la *nouvelle cuisine* o lo tecnoemocional llegarán otros con igual o superior capacidad de transformación es ingenuo. O tal vez mi imaginación no da para más. Solo puedo pensar ya en una alimentación futura por gotero, un cóctel con distintas drogas en vena.

¿Es posible una revolución cada fin de semana que dé una voltereta al oficio y que, además, tenga influencia planetaria? ¿Cuál podría ser la siguiente alteración? Si se encuentran adivinos, economistas o meteorólogos en la sala, que levanten la mano y hablen. Sí hay, y habrá, ajustes, mejoras, evoluciones de un modelo que tiene, en su gen, la propia evolución. Para el análisis de la cocina que estuvo, la que está y la que está por venir, los trabajos de El Bulli Fundation a lo taburete, en sus tres patas: la Bullipedia (Barcelona), El Bulli 1846 y El Bulli DNA (cala Montjoi). La Bullipedia, y los cocineros que prestan sus servicios de forma altruista, ayudarán con una labor de entomólogo a fijar las mariposas/conocimiento en los cuadros.

Uno de los atractivos de lo tecnoemocional es la invisibilidad. Trabaja en lo subterráneo, en el secreto de la cocina. Para el comensal, ajeno al fondo de la cuestión, nada en la superficie de lo que toma lo alerta del bullebulle que no ve. Solo con el estudio de las recetas conoceremos origen, técnica, tecnología e ideas. Cada cual busca su personalidad, su yo, a partir de esas herramientas. La personalidad no está en los objetos, sino en los sujetos.

Sujetos que eligen distintas formas para la visibilidad; una, fundamental, la especialización. En lo homogéneo, buscar distinguirse. Es el mejor recurso, aunque también peligroso porque si el cocinero se sujeta a unas reglas, reduce el campo de crecimiento. Pero es, a priori, un buen sistema para ser detectado en la masa. Mediáticamente facilita el discurso a los periodistas. Colaborar con los periodistas a sintetizar es garantizar su presencia. El periodismo de diario, el de urgencias y brevedades, tiende a la simplificación. El mundo en un titular. Crecer hormonado con titulares es posible, aunque no recomendable para una carrera larga. Los especialistas deberán llenar de sentido su especialidad. El Chef del Mar es un buen ejemplo de cómo experiencia y estudio, trabajo y conocimiento garantizan el futuro desde una idea clara.

Llegados a este punto, ¿por qué la presencia en este libro de cada uno de ellos?

Albert Adrià: pudiendo ser el heredero, ha preferido la conquista de otros reinos. La administración de diversos espacios también como arma creativa. La aplicación de los saberes tecnoemocionales al servicio de ideas populares. Cómo aprender a gestionar la presión y el éxito sin que la bestia le haya arrancado la mitad del cráneo. Ser después de El Bulli.

David Muñoz: la fe en uno mismo y la persecución de la singularidad como modo de sacar la cabeza, y la cresta. Búsqueda de una cocina universalista hasta ensamblar los pedazos del mundo con naturalidad. Obsesión por romper con los códigos establecidos de la alta cocina y convertir las varillas del corsé en arco y flechas.

Ángel León: una transfusión de agua de mar. Si el cuerpo humano tiene un 70% de agua, la suya es salina en gran proporción. Reinventor de un género, que es la cocina marinera. Armonizar dos yos y dos vientos: el levante y el poniente. No dejar de estudiar pese a los dictámenes de la academia, que lo dieron por mal alumno.

Francis Paniego: cómo imponerse a dos grandes personalidades familiares, que dirigían su cocina y su vida, aun desde el amor. Capturar la montaña y sus prados y su aire frío y limpio. Conocer a fondo qué hacen los demás para saber quién quieres ser tú. La herencia de un negocio histórico y su transformación. La apertura de un proyecto personal al margen de la familia.

Paco Pérez: la demostración de que la alta cocina y la vanguardia no son caprichos de ricos sino quehaceres de obrero. Estar dispuestos a recorrer 150.000 kilómetros al año para sostener un restaurante donde la creatividad es el mejor plato. La lucha a muerte para existir de los que viven en un rincón, alejado de las grandes rutas por las que migran los gourmets.

Josean Alija: resistir la tentación de una cocina museizada atrapado por el magnetismo del entorno y saber que lo que hace es un arte que no necesita de coartadas. La historia del accidente que lo impulsó, fortuitamente, a ser un cocinero diferente, y el padecimiento que eso supuso. Desnudo ante lo vegetal o desnudar el vegetal. Eliminar lo superfluo en busca de la esencia.

Paco Roncero: la investigación como valor, la superación como valor, la resistencia como valor, el maratón como actividad física para un proceso mental. La creación de un comedor hipertecnificado y sinestésico, ejemplo de cómo pueden ser (unos pocos-pocos) comedores del futuro. Gastronauta, explora los límites de la cocina, allí donde el oxígeno escasea.

Eneko Atxa: la reinvención del caserío. La cocina eco llevada al máximo, al mismo edificio donde se practica, dotando de coherencia al sistema. Donde se come, adecuado a lo que se come. La agudeza de contarse en los platos, la explicación de una biografía mediante un menú degustación. El realismo de combinar negocio con sensibilidad.

Ricard Camarena: la historia de un trompetista que comenzó en el chiringuito de una piscina a dar la nota. La acidez como una forma de penetrar.

El amargo como una forma de ser recordado. Saber que la cocina es un concurso de saltos y que el cocinero no es siempre el jinete, sino que la mayoría de las veces es el caballo. El trabajo con los fondos, con el milagro doméstico de hacer caldos sin agua.

Marcos Morán: la responsabilidad de administrar un negocio legendario con ciento treinta años sin romper con la complicidad del cocinero que lo llevó a lo alto que, además, es el padre. Encajar las *fabes* y sus consecuencias en el siglo XXI. Buscar una cocina de síntesis con productos mayúsculos. La viga sobre la cabeza para que perdure y no se rompa.

Paco Morales: un gato con vidas ya consumidas. El aprendizaje a golpes. Saber administrar las victorias y los reveses. Un talento que busca cómo ser encauzado para fluir sin interrupciones. El regreso a casa para asentar cocina y vida. Pionero en el uso de las impresoras 3D, que ayudarán a solidificar el futuro.

Reunirlos en esta obra ha sido una ocupación larga, paciente, pesquisadora. Observarlos durante largo tiempo hasta la maduración: un trabajo posible gracias a la labor de reportero en la revista *Dominical*. Es en estas publicaciones donde aún cabe una historia con quince mil caracteres, enriqueciendo la obligada brevedad del periodismo de diario. Contar qué hacen pero, principalmente, quiénes son.

¿Cómo ha sido estructurada cada historia? Una vez escrito el texto correspondiente, les pedí dos cosas. Primera: una cronología comentada de los platos. Segunda: decidida la lista, tenían que extraer tres recetas representativas. Yo los contaba a ellos y ellos se contaban a sí mismos.

Aparentemente era una tarea sencilla, aunque derivó en tiempo de debate porque los obligaba a un ejercicio de síntesis. Tenían que explicar el porqué de un plato por año. Un solo plato. El más brillante. El más interesante. El que inventaba o desarrollaba una técnica o un concepto. El que incluía un sentimiento. ¿Cuál? Unos se explayaron; otros se concentraron. Cada uno lo ha presentado a su manera. ¿Y en qué año comenzar? ¿Cuál era la fecha significativa, sobre todo para aquellos que heredaban un negocio familiar o llevaban tiempo en acción? El que más se ha alejado, Marcos Morán porque homenajea a su padre, Pedro, y la fabada aligerada. El que más se ha acercado, un *viejo*, Albert Adrià, que pese a llevar veintiséis años en el oficio, inicia la narración en 2011.

De los once capítulos se extraen hechos con los que definir y acotar cocinas y cocineros de *futuro presente*. ¿Qué comparten?

- La especialización, la búsqueda de la singularidad.
- Lo tecnonatural.
- El impacto de lo verde o la vegafilia.
- El moderado afán por inventar.
- La perfección del sistema tecnoemocional.
- La naturalidad con la que incorporan técnica y tecnología, sin sobresaltos ni exhibicionismo.
- La existencia de restaurantes sostenibles.
- La aparición de comedores *vivos*.
- La coexistencia de lo propio y lo ajeno, de lo cercano y lo lejano, Oriente y Occidente.
- Producto de km 0 y de km 3.000.
- La generalización de los laboratorios o talleres, de la partida de I + D.
- El cocinero creativo con mente de empresario.
- La necesidad de segundas marcas bajo estricto control, desinteresados de las franquicias.
- La fe en el gran restaurante y la astucia para garantizar su supervivencia.
- La apertura al extranjero, con establecimientos en capitales mundiales.
- Tomar el mando de la comunicación y ser emisores, con presencia estable en las redes sociales.
- La obsesión por la cocina, incluso a costa de relaciones personales y familiares.
- La gestión del éxito y la necesidad de un barniz para que resbalen los elogios desmesurados y las críticas con salfumán.
- La creencia en uno mismo, la superación de los prejuicios, el saber que bajo aquella capa de frustrado escolar que indigestaba a los profesores había alguien con talento. ¿Alguien está interesado en el estudio de la hiperactividad en cocineros?

Una tarde, después de formar parte de un jurado para premiar a jóvenes talentos del cuchillo y la espumadera, alguien preguntó: «¿Cómo ves el futuro?» Aquella persona se preocupaba por la continuidad *dinástica*. ¿Seguiríamos en cabeza de la cocina mundial o caerían en un capazo bajo el hacha del conservadurismo?

Aún era pronto para saber si del fuego júnior saldría algún líder, pero la cuestión que se planteaba era un lugar común y ocultaba otra. ¿Habíamos vivido en un globo, ya pinchado y flácido? ¿La llamada cocina de vanguardia era un artificio organizado por cocineros conspiradores y periodistas malvados para esferificar a la población y esclavizarla? De ninguna manera. ¿Hubo excesos? Parece que el discurso facilón es decir: «Sí, los hubo, y muchos», como si viniéramos de una época perversa y decadente, en la que se sometía a los clientes al sado gastronómico. El que paga no se deja engatusar ni antes ni ahora. El estafador ni duraba ni dura.

Estas personas sobre las que escribo han sido honradas en sus actos y la prueba es que han ido a mejor. ¿Que en otros ámbitos más primarios de la restauración, mundos de carnaza, vinazo y purazo, ha habido manos largas? Pues la noticia es que los engañabobos merodean.

Respecto a lo otro, pueden respirar tranquilos los angustiados. No solo están en activo los chefs de oro (Joan Roca, por poner un ejemplo, nació en 1964; y Jordi Roca es de 1978), sino que en la galería de los bustos hay cada vez más nombres.

Pasó el tiempo del motorista que atravesaba aros de fuego. Estamos en la época de un tránsito tranquilo, en la que los saltos siguen aunque sin afán exhibicionista. Eliminada la parte de *show*, los cocineros se centran en lo importante, que es estudiar, comprender, avanzar.

Las llamas, los aros de fuego, quedan para la intimidad de las cocinas.

PAU ARENÓS
Sabadell, Barcelona, septiembre de 2014

ALBERT ADRIÀ

Solo Albert

Albert Adrià ha necesitado menos de un lustro para seguir en lo alto de la gastronomía internacional, con Tickets como bandera. En ese breve espacio de tiempo ha abierto cinco restaurantes distintos en Barcelona, más algunos complementos, en los que glorifica la tapa, desde la popular a la obra de arte en miniatura. No hay nostalgia de El Bulli sino una buena gestión de la herencia.

ALBERT ADRIÀ

Para poder cenar algún día con su hijo Àlex, Albert Adrià trabaja de las nueve de la mañana hasta la madrugada.

No tiene sentido ese esfuerzo para una recompensa mínima. ¿O sí? «Desayuno con él o lo llevo al colegio. Lo que querría es estar a las 20.30 en casa.»

Para cumplir con el deseo postergado se obliga a abrir más espacios como parte de un plan, el mexicano Hoja Santa y la taquería Niño Viejo; a trasladar el 41º y complementarlo con Enigma y una escuela de coctelería, ampliar Tickets, levantar la persiana de una tienda de ultramarinos. No se cuentan en esta maniobra los proyectos fuera de Barcelona, en Eivissa, con el Cirque du Soleil; y en la República Dominicana, con el *beach club* La Playita; ni la marca de conservas La Cala. Como se verá en el capítulo, Albert no es abrefácil.

Àlex tiene siete años. ¿Cuánto tiempo puede esperar?

El cocinero dejó la dirección creativa de El Bulli en 2008, tres años antes del cierre definitivo del mejor restaurante de la historia. Abandonó la alta cocina para explorar caminos secundarios que lo han llevado a los arrabales de donde comenzó.

Ha vuelto a la alta cocina, pero la alta cocina es ahora otra cosa. Tickets, Pakta y Bodega 1900 son ejercicios de alta cocina en el tirachinas de lo popular. Aplica idéntico conocimiento, estilo, temperamento, técnica y táctica a lo máximo que a lo mínimo, a la tecnoemoción de 41º Experience y a la excelsa cotidianeidad de la Bodega.

Ha construido este pequeño imperio en torno a sí mismo y en pocos metros. Puede dirigirlos porque no se mueve del barrio. Es el jefe del Paral·lel, ese Broadway barcelonés de bolsillo que tuvo teatros y cabarets y que chispea con las luces inesperadas de lo gastronómico. Donde hubo neones hay jamones.

¿Está solo? No. Ha encontrado socios que lo liberan de la gestión de las reservas y la teneduría de los proveedores, los hermanos Iglesias, Juan Carlos, Borja y Pedro. Fueron ellos los que lo atrajeron al Paral·lel, donde mandan desde hace décadas con un negocio con pinzas, Rías de Galicia, ampliado a su vez con Cañota y Espai Kru. Entre unos y otros, entre Iglesias y Adriàs, han levantado un Gastronómik Park. En este ámbito fraternal no falla Ferran, en una buscada penumbra.

A lo emperador romano, Albert lo tiene como al mejor de los catadores y consejeros: «Es un implacable *controller*. Siempre le escucho.»

Este hombre es un misterio. Quiere bautizar como Enigma uno de los nuevos espacios: «Es un nombre que me acompaña desde siempre. Tendría que haber llamado Enigma al 41º.» Albert es un famoso del que no se sabe nada: «Por voluntad, aunque poco a poco intento mostrarme. No quiero que se hagan la foto conmigo. Por los restaurantes pasan cientos de personas al año. Serían cientos de fotos al año.»

No es que se niegue a que alguien se fotografíe con él, al contrario, sino que detesta el papel céreo de chef célebre. «Quiero que vengan a vivir una experiencia, no a verme. Lo más saludable es que el cliente sepa que estoy trabajando. Paga por tenerme en la cocina.»

Albert se ríe más hacia dentro que hacia fuera. Tiene un humor zumbón y un descreimiento de serie. Es un viejo que nació en 1969. «No me importa que haya ambigüedad sobre mí.»

¿Cómo es alguien que entró en El Bulli en 1985, dos años después de Ferran, y que lo fue todo en su estructura con la discreción de los artificieros?

¿Cómo es alguien que cumplidos los treinta y siete años tuvo la necesidad de volver a lo básico de la cocina con Inopia Clàssic Bar, un ensayo de la tapa entendida como gran cocina, germen de todo lo que estaba por venir?

Si se le deja hablar, dirá: «Normal.» No se moverá de ese registro de las palabras sin volumen.

«He tardado muchos años en enamorarme de este oficio. Ahora vivo un momento dulce.» Fecha en 2000 el reencuentro con la profesión, a la que había dedicado quince años como insigne pastelero.

La intolerancia al marisco —él, que tanto ha cocinado el mar— había hecho que surcase el azúcar.

En 1998 dejó El Bulli y se largó a buscar mejillones.

En los moluscos cerrados encontró una excusa para abrirse. «No soportaba la presión. Por falta de madurez, falta de formación personal. No podía más. Es que no conocía otra cosa. No sabía si volvería. Cogí una Olivetti y escribí *Los postres de El Bulli*.»

Cuando dejó ese restaurante de forma definitiva, tuvo otra urgencia para apilar folios. Del árbol caído nacieron las ramas de *Natura*.

En 2008, tras acabar el recetario con el que descongeló para siempre la pastelería, y ya fuera de El Bulli, se hizo una pregunta que ha encontrado respuesta: «Y ahora, ¿qué?»

Al siguiente libro no lo antecedió una marcha. Fue *Tapas. La cocina de Tickets*. Y los cuatro que prepara tampoco anticipan una huida. Un documental titulado *Constructing Albert,* de Trueday Film y Unto, apila los últimos ladrillos del personaje.

«Ahora sé torear la presión. Y consigo disfrutar de cada caso. En El Bulli no había tiempo de disfrutar. Nunca era suficiente. "¿Somos el número uno? Pues más cosas, más cosas, más cosas."»

Por eso cuando dieron la última cena el 30 julio de 2011, la fiesta fue legendaria, en pago por todas las celebraciones con burbuja que jamás destaparon.

Sabe que llegaron tan lejos por esa insatisfacción. El descontento como motor creativo.

«Mi mundo ahora es esto. No escucho nada.» Con el brazo derecho abarca el reino, y más lejos, allende las calles del Poble Sec. Son las once de la mañana en Tickets y, pese a la hora temprana, pues solo dan servicio de cena, hay personal, cocineros en una *mise en place* eterna, hombres y mujeres que tallan alcachofas como escultores de lo vegetal.

¿A qué silencio se refiere? «No me refiero al silencio, sino al equilibrio. Estoy tranquilo. Lo tengo todo en la cabeza. Necesito equivocarme, vivir mis miserias. He construido mi mundo. Tengo que visualizar que he creado mi mundo.»

Enumera palabras niveladas: compra, creatividad, personal, trato con la gente.

Trato con la gente: escuchar a los demás, saber de los demás.

Un restaurante es un lugar en el que los afectos abrasan. En un espacio de tiempo corto explota lo que ha estado fermentando durante horas. Los clientes llegan a la vez y quieren comer al mismo tiempo. El efecto de estar en una cocina en ese periodo es similar a la olla a presión. El vapor sale por la válvula, como debe ser, pero si se abre la tapa, la catástrofe es segura. Las relaciones son tan precarias como intensas: apenas sabes nada del mejor amigo. Es común que muchos jefes desconozcan el apellido del currante que se apura al lado.

«En ese mundo que he creado son muy importantes las relaciones con los otros. Trabajas con gran intensidad y, después, a la calle. Y ahora quiero saber de dónde viene, si tiene hijos. Me rodeo de gente como yo, o gente que me haga reír por la mañana. En El Bulli buscábamos a once Messis. Ahora necesito un Puyol, un Pinto... Yo ya no me juego la Liga, sino la permanencia. Y una vez cada veinte años, la Copa de Europa.»

Uno de los mejores cocineros del mundo ha tenido como única escuela la de El Bulli —y un tiempo compartido con Paco Torreblanca y las familias Escribà, Turull y Bras—, que él mismo ayudó a crear y que fue todas las escuelas: «Si volviera atrás, me iría del país. A un lugar sin repercusión. Aunque no sé si sabría hacerlo.»

El movimiento tecnoemocional que Ferran y él encabezaron llegó tan lejos que durante mucho tiempo estaremos volviendo.

Es la digestión de un rumiante, que necesita varios estómagos. Tardaremos años en comprender y desmenuzar qué sucedió. Enseñanzas para un par de generaciones.

Albert ya no se siente obligado a crear, a CREAR; al menos, no con la intensidad y la obsesión a las que entregó veintitrés años. «Ni en el 41º. El dilema no es ya hacer la revolución.»

Director de El Bulli Taller desde 1998, compartió cerebro con Ferran y con Oriol Castro, con el que tiene comunicación telepática, y después con Eduard Xatruch y Mateu Casañas. El primer encargo de Ferran fueron el helado y la gelatina calientes. Mandó al funambulista a cruzar un precipicio sin cable.

Una de las razones por las que nadó lejos de cala Montjoi fue por la obligación del descubrimiento continuo. En una entrevista en febrero de 2009 hablaba de la «autoexigencia», de que tras llegar al número uno solo podían «ir hacia abajo» y que, por fin, la cansina pregunta era confeti: «Y el año que viene, ¿qué cosa nueva harás?»

Fue entonces cuando acuñó la frase: «Al Bulli hay que matarlo», que luego subió en intensidad y calificativo: «Hay que matar a la bestia.»

Y he aquí el núcleo de la historia: ¿qué hace el resto de sus días laborables un hombre que ha llegado al techo del oficio e incluso ha trepado por la antena como King Kong? O cae abatido por las ametralladoras de los aviones o busca refugio entre el suelo y el cielo.

En 2006, Inopia fue eso, un espacio alejado del centelleo, pensar el bar con el conocimiento de la vanguardia. Tickets es la ampliación de ese pálpito cotidiano hasta la complicación máxima, el nacimiento de la *circocina*. Nunca estuvo la gastronomía más cerca de la carpa, con lo que eso conlleva de próximo.

El 41° es guardar El Bulli en el bolsillo de atrás de los pantalones.

La Bodega 1900 es volver a hacer la croqueta que Tickets no admite.

Y Pakta así como el mexicano, la unión de mundos, también creativos, la sutileza de atar lo conocido con lo inventado.

Y en común a todos, la misma idea de perfección que lo acompaña como un gen maldito, incluso en esta beatitud en la que dice vivir y que solo lo es a medias. Albert busca la perfección como otros tienden trampas para animales mitológicos.

¿Qué tienen en común esos cinco entornos que, además, dan nombre a la empresa BCN 5.0? La tapa, catalana, española, mexicana, peruana, japonesa, mundial. Es en el pequeño bocado donde están las respuestas grandes.

La jornada de Albert comienza con ese desayuno, o no, con Àlex y Sílvia Fernández, su mujer, a la que verá más tarde en el trabajo. En hostelería, trabajar con la pareja es salvar la relación o hundirla en el fango de los horarios imposibles.

La jornada de Albert pasa por los planos donde los arquitectos dibujan el futuro; y pasa por las gestiones farragosas y las reuniones con conocidos y desconocidos y esas servidumbres a las que están sometidos los artistas contemporáneos para librarse de la ruina: «Me niego a aceptar que en estos restaurantes, en los que se trabaja con la honestidad, no se gane dinero. Tickets gana. Pakta tiene que ganar. Son lugares con alma. Y esa alma se percibe, principalmente, cuando vuelves.»

Cuando estén pagados los créditos, y los futuros préstamos. Viven una indigencia de millonarios.

La jornada de Albert pasa por el canelón de aguacate y buey de mar de Tickets y por el Paisaje Nórdico de 41° y por el bonito confitado en salsa catalana de la Bodega 1900 y por el *maki causa* de caballa ahumada de Pakta y por el taco de lechuga con ceviche de Hoja Santa.

Durante algún tiempo sostuvo que el mexicano, donde cuenta con el talento azul de Paco Méndez, debería estar al lado de su casa, pero un contratiempo inmobiliario le hizo cambiar de planes.

Dada la complejidad del proyecto comprende ahora que es mejor que los cinco espacios estén cerca: es otra forma de entender la cocina de proximidad.

Durante la gestación de este texto falleció Ginés Adrià, padre de los hermanos. El menor tuvo la necesidad de coger el coche y recorrer el barrio de Santa Eulàlia, en L'Hospitalet, en busca de los paisajes de la infancia, y el rastro del padre ausente.

Había sido estucador y amante del orden y de los buenos acabados y del blanco sobre todas las cosas.

Ferran y Albert son puntuales y deben esa virtud a Ginés. «No le agradaba la desidia, la imprecisión. Era muy serio trabajando. Cuando íbamos a buscar setas, cada cosa tenía que estar en su sitio. Muy metódico.»

Elogia Albert a su padre y esa herencia del rigor; y a su madre, Josefa, cuyos problemas respiratorios mantienen en vilo a la familia: «Es una *crack*. Es maravilloso cuando tu madre te sorprende. No se ha hundido. Aún tiene mucho que decir. Ser positivo es muy importante. No soporto trabajar con gente que ve el vaso medio vacío. Porque he sido un *torracollons,* porque me he quejado.»

Ya no se queja, o lo hace con esa socarronería tan propia, en la que ríe hacia dentro y, un poco, hacia fuera.

La primera vez que llegó a cala Montjoi fue el 28 de marzo de 1985. Se alojó en una caravana, y ese hospedaje inmóvil fue un símbolo de libertad.

No ha buscado otra cosa en la vida sino ser el dueño de sus decisiones.

«¿Qué busco? Reconocimiento, éxito, dinero. ¡Y yo qué sé! ¡Felicidad!» Una vez la encontró entre mejillones. En este periodo prueba con las ostras.

Esta noche, Àlex lo espera para la cena.

ESTOY ORGULLOSO
por Ferran Adrià

Solo unas palabras para decir lo que siento por Albert.

En primer lugar, me siento orgulloso de tenerlo como hermano.

También me siento orgulloso porque, en los momentos difíciles, siempre hemos sido más hermanos que nunca.

Y me siento orgulloso porque es buena persona, y eso fue lo que nos enseñó nuestro padre, Ginés, y lo que nos sigue enseñando cada día nuestra madre.

Estoy orgulloso porque tiene una mujer y un hijo maravillosos.

Todos ellos se merecen compartir sus vidas.

Estoy orgulloso por lo mucho que quiere a mi mujer y a toda su familia.

Estoy orgulloso por lo mucho que quiere a toda la familia Bulli.

Estoy orgulloso porque hace años mostró el camino a los que hoy son los cocineros más influyentes del mundo.

Estoy orgulloso por llevar trabajando con él treinta años y aprender de lo que hace.

En fin, hace tiempo que dije una cosa y no me hacían caso...

Me siento orgulloso porque Albert es uno de los cocineros más creativos que han existido.

LOS PLATOS VERTEBRALES

Tickets

2011 — Ensalada de tomates cherry y gelatina transparente de gazpacho

Se trata de un claro ejemplo de elaboración adaptada a todos los públicos: en Tickets nos encontramos que debemos mantener un lenguaje universal y accesible a todo el mundo. Al ser visitados por un público internacional, tenemos que mantener sabores no muy extremos. En el caso de la ensalada de tomate con gelatina de gazpacho, se elabora un gazpacho sin vinagre ni ajo, ya que, por un lado, la acidez del tomate es suficiente y, por el otro, el ajo es un producto que no todos admiten. Los tomates tienen en esta elaboración el protagonismo principal; otro ejemplo, por lo tanto, de elaboraciones en las que la técnica está al servicio del producto, y no viceversa.

2012 — Canelón de aguacate y buey de mar [VER RECETA]

Poco antes de abrir Tickets estuve en Los Ángeles con José Andrés en su restaurante The Bazaar. En ese viaje me interesaba sobre todo la capacidad de dar de comer a un grandísimo nivel a trescientos comensales y los sistemas informáticos que utilizaba. Pero volví con un regalo: la manera de elaborar canelones de aguacate en cantidad sin que se oxidaran y con una ejecución perfecta. El relleno era obvio, mayonesa cremosa con buey de mar y suave romesco, finalizado con un gel de estragón y crema agria.

2013 Espaguetis de setas con pilpil de «ceps» [VER RECETA]

Estamos ante un plato que va más allá del trampantojo, mimético o falso... palabras que se utilizan para definir una imitación o engaño sin tener en cuenta el origen de la idea, ya que mi objetivo no es engañar al cliente (eso es la consecuencia). El principio se basa en uno de los pilares creativos de El Bulli: la comprensión del producto. Es decir, si una seta es lo suficientemente grande y se puede laminar y cortar, es consecuente convertirla en espaguetis. Un pilpil suave de ajo confitado y caldo de *ceps* la complementan.

2014 Corcho de chocolate [VER RECETA]

Se trata del concepto de tapeo aplicado al mundo dulce: un nuevo lenguaje que te permite degustar los postres con los dedos, pasando así a formar parte de un bocado más del menú de tapas y que, además, predispone al comensal a la diversión.

Se trata de un postre que parece simple, pero que esconde una gran complejidad de elaboración. Todo surgió de una conversación con David Gil, el jefe de pastelería de Tickets, cuando nos dimos cuenta de que en Tickets aún no se había trabajado el bizcocho al vapor. Se trata de un bizcocho que, debido a su cocción, adquiere una flexibilidad que permite manipularlo una vez hecho.

Al darnos cuenta de que al presionarlo con los dedos, la forma quedaba marcada, decidimos estampar el logo de Tickets con un sello de hierro. La forma que resultó, al enrollar el bizcocho sobre una *mousse* de chocolate y praliné de avellanas era ni más ni menos que la de un corcho de vino, por lo que era la excusa perfecta para jugar, una vez más, con los sentidos del cliente.

41° Experience

2011 — Tentáculos de pulpito picantes

En los tentáculos de pulpito picantes, podemos ver el principio de la evolución de los snacks a los que se dio un papel principal en El Bulli, entendiendo el snack como acompañamiento perfecto para comenzar una comida o combinar con un cóctel.

Utilizamos el arroz como base para obtener un tipo de crujiente aéreo, a la vez que resistente. En el caso del pulpito, teñimos el caldo con una infusión de maíz morado para dar el color de pulpo cocido y unas perlas de tapioca, para emular los tentáculos.

Al freírlo, adopta la forma de un tentáculo de pulpo retorcido, espolvoreado con un polvo de salsa kimchi coreana, para dar el toque de picante que alegra la base de arroz, relativamente neutra.

Está en la carta desde la apertura en que 41°, cuando era coctelería & snacks, hasta el menú del 41° Experience que servimos hoy en día.

Bodega 1900

2013 — Bonito en salsa catalana

Recordando el bocadillo de atún con salsa catalana de mi infancia de una conocida marca de conservas, decidí hacer una salsa inspirándome en ella, partiendo de un caldo concentrado de atún y con una base de escabeche tradicional sin vinagre. Incorporamos láminas de tomate, todo ello confitándolo a fuego lento. Como proteína, unas láminas gruesas de bonito, que también son confitadas a unos 50-54°, dejando como resultado una textura mantecosa que da al bonito todo su esplendor gracias a la grasa que contiene.

Pakta

2014   Palomita a la huancaína (comentario del cocinero Jorge Muñoz)

La huancaína, es una salsa tradicional peruana hecha a base de ají amarillo. De aquí nace uno de los platos especiales de Pakta: la palomita a la huancaína, que sorprende tanto por su forma como por su sabor. Un sabor que es nuevo y que da a conocer el ají amarillo, uno de los productos bandera de Perú. Es un plato que salió partiendo de un pan tradicional colombiano, que es muy aireado. Todo el equipo modificó la receta para hacerla a nuestro gusto y conseguir lo que estábamos buscando: una masa de yuca aireada, vacía y crujiente. El resto es pura salsa y sabor, como el Perú.

Niño Viejo / Hoja Santa

2014   Ceviche Niño Viejo (comentario del cocinero Paco Méndez)

Estamos ante un ceviche que va más allá de los tradicionales. El recado rojo o pasta de achiote tiene mucha relación con la cocina yucateca, región al sureste de México. Maceramos el pescado con el recado rojo, utilizado particularmente en la elaboración de la cochinita pibil y el pescado Tikin-Xic. Lo aplicamos en este caso al Ceviche Niño Viejo, en el que priman sabores tanto sutiles como contrastantes, una mezcla muy interesante entre especias, mar y cítricos. Lo combinamos con ingredientes y elaboraciones muy ligadas con la cocina mexicana como son el aguacate, el cilantro y los chicharrones de cerdo (en España, conocidos como cortezas de cerdo). La idea es elaborar un plato de un México tradicional y puro pero puesto al día.

Canelón de aguacate y buey de mar

Ingredientes y elaboración
Para 4 personas

Para el relleno de buey de mar

125 g de carne de buey de mar
45 g de crema agria
20 g de mayonesa
2 g de salsa Perrins
1 g de sal
c/s de pimienta negra
10 g de cebollino picado
40 g de coral de buey de mar

Limpiar la carne del buey, eliminando cualquier trozo de cáscara y esqueleto que quede.

Unir la carne del buey con el resto de los ingredientes y reservar hasta la hora de hacer los canelones.

Para el agua de eneldo

50 g de eneldo
250 g de agua mineral

Poner el agua a hervir. Quitar los tallos al eneldo, escaldar y enfriar en agua con hielo.

Triturar el eneldo bien escurrido con la misma cantidad de agua de enfriado. Pasar por la Superbag.

Para el gel de eneldo

100 g de agua de eneldo
(elaboración anterior)
1,2 de agar
1,5 g de sal fina

Calentar 50 gramos de agua de eneldo y de una pequeña parte de agua de eneldo con el agar y la sal.

Añadir el resto del agua de eneldo, mezclar bien y dejar enfriar en la nevera en un túper estirado.

Una vez que esté frío, triturar con el túrmix hasta que sea un puré fino.

Poner en un biberón y reservar en la nevera.

Para las verduras escalivadas

1 cabeza de ajos (90 g)
420 g de cebolla
250 g de tomate pera
20 g de aceite de oliva 0,4

Envolver la cebolla y los ajos en papel de aluminio y añadir un chorro de aceite de oliva.

Calentar el horno a 200º. Asar en el horno las verduras: tomates, 20 minutos; ajos, 30 minutos; cebolla, 40 minutos.

Sacar del horno e ir pelando las verduras y dejando por separado. Reservar.

Para la salsa romesco

35 g de ajo escalivado
(elaboración anterior)
80 g de tomate pera escalivado
(elaboración anterior)
180 g de cebolla escalivada
(elaboración anterior)
25 g de pulpa de ñora
60 g de avellana tostada
225 g de aceite 0,4
8 g de sal fina
20 g de vinagre de Jerez
c/s de tabasco

Freír las avellanas.

Juntar todos los ingredientes menos el aceite y triturar en la Thermomix.

Ir añadiendo el aceite de freír las avellanas poco a poco hasta que quede una pasta fina.

Guardar en la nevera en un biberón.

Para el canelón de aguacate

Aguacates
Relleno de buey de mar
(elaboración anterior)
Salsa romesco
(elaboración anterior)

Laminar el aguacate con la ayuda de un pelador formando láminas de 10 centímetros por 2 centímetros.

Estirar las láminas en un papel satinado, pintado previamente con aceite de oliva, formando una lámina de 16 centímetros por 10 centímetros.

Rellenar el canelón con 50 gramos de la mezcla de carne de buey. Disponer 10 gramos de romesco encima de la carne de buey. Cerrar el canelón y disponer en un plato.

Otros ingredientes

10 g de yogur griego
16 brotes de germinado de atzina
12 hojas de perifollo
c/s de pimienta negra
c/s de aceite de oliva virgen

Presentación

Colocar 4 puntos de yogur griego por encima del canelón a lo largo. En medio de cada punto, disponer un punto de gel de eneldo.

Encima de cada punto de yogur disponer un brote de germinado de atzina; y en cada punto de eneldo, 1 hoja de perifollo.

Terminar con pimienta negra por encima del canelón y aliñar con aceite de oliva virgen

Espaguetis de setas con pilpil de «ceps»

Ingredientes y elaboración
Para 4 personas

Para los espaguetis de setas
600 g de seta de cardo

Cortar la seta con la máquina cortafiambres, perpendicularmente a las cuchillas, al número 3,5 para obtener láminas perfectas. Reservar el resto para el caldo.

Cuadrar todas las láminas y reservar las otras partes para el caldo.

Con un cuchillo, cortar tiras de 12 centímetros de largo por 0,5 centímetros de ancho. Reservar en un túper con papel húmedo.

Para el caldo de «ceps»

600 g de *ceps*
200 g de agua mineral
c/s sal fina
c/s aceite oliva suave 0,4
360 g de merma de la seta de
cardo *(elaboración anterior)*

En una cazuela, sofreír la seta con el aceite de oliva suave hasta dorar. Mojar con el agua mineral y reducir a fuego vivo durante 5 minutos.

Por otro lado, saltear la seta en un wok con un poco de aceite y dorar. Añadir al caldo y reducir durante 25 minutos a fuego lento, poner a punto de sal y retirar del fuego.

Colar con un chino y apretar bien con un cucharón para obtener todo el jugo. Reservar.

Para el aceite de ajo

250 g de aceite de oliva suave 0,4
6 dientes de ajo

Poner los ajos machacados con el aceite a fuego suave y dejar 10 minutos. Cuando los ajos estén blandos, se apartan del fuego y se reservan.

Para el pilpil de «ceps»

250 g de caldo de «ceps»
(elaboración anterior)
25 g de aceite de ajo
(elaboración anterior)
0,2 g de xantana

Añadir la xantana a la salsa de *ceps* y diluir con la ayuda de un túrmix. Colar.

Extraer el aire en la máquina de vacío.

Añadir el aceite poco a poco a la salsa espesada.

Mezclar con la ayuda de un túrmix hasta conseguir una emulsión. Reservar la emulsión en un biberón en nevera.

Otros ingredientes

5 g de perejil picado
8 g de parmesano rallado

Presentación

En un cazo, poner un poco de aceite. Cuando esté caliente, añadir 70 gramos de espaguetis y sofreír.

Una vez esté cocida la seta, salpimentar y añadir 50 gramos de pilpil de *ceps*.

Espolvoreamos perejil picado y dejamos cocer 1 minuto. No debe quedar seco.

Servir en una cazuela de hierro bien caliente y espolvorear un poco más de perejil picado. Acompañar con el parmesano rallado aparte.

Corcho de chocolate

Ingredientes y elaboración
Para 4 personas

Para el bizcocho al vapor de café

4 huevos
110 g de harina
200 g de azúcar
3 g de impulsor
15 g de café soluble

Poner 2 huevos en el bol de la batidora y, con las varillas, montar hasta que esponjen.

Ir incorporando el azúcar poco a poco y, a medida que vaya esponjando, incorporar los huevos restantes hasta conseguir una mezcla homogénea.

Seguidamente, tamizar la harina, el café y la levadura e incorporarlos al batido de huevos montados con una lengua hasta que estén bien integrados.

Extender la masa de bizcocho en un Silpat, con guías de 0,5 milímetros de grosor, y poner a cocer al horno a vapor a 90 ºC durante 4 minutos y medio.

Sacar del horno y dejar enfriar. Después, dar la vuelta al Silpat encima de un papel sulfurizado y retirarlo de tal manera que nos quede la lámina de bizcocho.

Para la «mousse» de chocolate negro

240 g de leche
40 g de azúcar invertido
160 g de yema pasteurizada
180 g de chocolate negro al 66%
180 g de nata al 35%
4 hojas de gelatina

Hervir la leche junto con el azúcar invertido.

Poner las yemas en un bol y, cuando la leche hierva, volcarla encima y remover bien la mezcla con unas varillas. Volver a verter en el cazo y remover con una lengua hasta que llegue a 82 ºC. Retirar del fuego. Añadir 4 hojas de gelatina.

Verter la mezcla anterior sobre el chocolate y trabajar con varillas.

Semimontar la nata en la batidora.

Cuando la mezcla haya llegado a 35 ºC, añadir la nata semimontada con una lengua pastelera. Poner en mangas pasteleras.

Para el crujiente de avellanas

25 g de chocolate con leche
15 g de mantequilla anhidra
100 g de praliné de avellana 50% caramelizado.
50 g de Royaltine

En un bol, juntar el chocolate con leche junto con la mantequilla. Poner a fundir en el microondas a mínima potencia.

Añadir el praliné y mezclar.

Extender la mezcla anterior encima de un mármol y, con una espátula, estirar y remover hasta que baje a temperatura de 23 °C. Cuando esté a la temperatura, volver a poner en un bol.

Añadir el Royaltine y mezclar con una espátula.

Extender entre dos papeles sulfurizados con guías de 1 centímetro de grueso

Guardar en el congelador durante 30 minutos. Pasado el tiempo, cortar tiras de 0,5 centímetros de grueso y volver a guardar en el congelador.

Para los cilindros de «mousse» de chocolate

Mousse de chocolate
(elaboración anterior)
Crujiente de avellanas
(elaboración anterior)
4 tubos de PVC de 1,5 cm de diámetro y 30 cm de largo
1 lámina de acetato
1 paquete de moldeador
(ej. plastilina)
1 unidad de espray desmoldeante

Cortar la lámina de acetato en tiras de 10 centímetros de ancho. Poner un poco de grasa en espray en la lámina de acetato y enrollarla sobre sí misma.

Colocarla dentro de tubos de PVC y poner un poco de moldeador en una de las extremidades.

Rellenar los tubos de *mousse* de chocolate hasta la mitad y, después, insertar una barra de crujiente de praliné de avellanas congelada. Terminar de rellenar con la *mousse* de chocolate

Congelar durante 12 horas.

Al día siguiente, extraer los tubos ya congelados y retirar el acetato para obtener tubos perfectos de *mousse* de chocolate.

Cortarlos con una medida de 8 centímetros de largo y 4,5 centímetros de ancho.

Para formar los corchos

Láminas de bizcocho de café
(elaboración anterior)
Tubos congelados de *mousse*
(elaboración anterior)
Marcador acero con el logo de
Tickets

Coger cada lámina de bizcocho de café de 8 centímetros de largo y 4 centímetros de ancho y, con el marcador, prensar el logo de Tickets en la cara lisa del bizcocho.

Seguidamente, coger los tubos congelados y enrollarlos con el bizcocho hasta formar corchos.

Guardarlos en la nevera una vez formados.

Otros ingredientes

Virutas de madera
Papel de Tickets

Presentación

Disponer un poco de virutas de madera en la base del plato. Colocar dos corchos de vino reales y dos papeles sulfurizados de Tickets.

Apoyar encima de los papeles sulfurizados los falsos corchos de chocolate, procurando que se vea bien el logo marcado. Servir.

DAVID
MUÑOZ

David X

David Muñoz tiene las maletas siempre a punto. No teme el cambio, al contrario, se crece con la novedad. DiverXO conoce su tercer destino: el NH Eurobuilding, en Madrid. Este capítulo saltea, a fuego fuerte como en el wok, las tres vidas del restaurante e indaga en el espíritu del indomable.

DAVID MUÑOZ

CocineroX

Si hace tiempo que el visitante ha perdido de vista a David Muñoz (1980), especulará sobre los cambios a los que puede haber sometido la cabeza, con los que explica un estado de ánimo.

Rubio platino, negro carbón, cresta de mohicano, eslalon ligero. Un cocinero de impacto, también en lo capilar.

David es una especie sin catalogar, un ornitorrinco en el que confluyen otros animales. Una mutación ha engendrado una nueva especie en el orden gastronómico. Los taxonomistas no atinan a agruparlo en ninguna familia.

¿Un madrileño que cocina como un asiático?, ¿un falso asiático que se inventa la cocina asiática?, ¿una cocina asiática que comparte aguas internacionales con media docena de países?, ¿alguien que no es de ningún lado y es de todas partes?

A los estudiosos con salacot, pantalones caqui y jaula les resulta imposible atrapar y anillar a este mamífero pequeño, peligroso, decidido, bizarro y mordedor.

La escultura de un *bulldog* con la cabeza tintada de rojo, diabólica, y la X pintada en el muslo saluda a los clientes.

LenguaX

«Me puse el primer *piercing* a los catorce años. Buscaba lo radical, ser diferente a todo.»

Se quitó el de la lengua porque interfiere. «Es incompatible con la cocina.» Un cocinero con la lengua prendida es un cocinero preso.

En esta visita, saluda con penacho indio, que remarca la singularidad.

Ha conseguido ser radioactivo, diferente a todo, a todos. La originalidad de su cocina es manifiesta, apartándose del vanguardismo más homogéneo de los coetáneos. Es singularísimo en un mundo singular. Para comprender, lo primero es identificar su cocina, la cocina con X.

La X, hasta la fecha, ha sido una letra poco gastronómica. O no: la cocina alude al sexo, a los líquidos, a la temperatura, al tacto, a un conocimiento suficiente de la anatomía. La buena cocina se gime y se grita.

CocinaX

No es fusión. No es asiática. No es transcontinental. No es inventada. Son las cuatro cosas a la vez. «No, fusión, no. Creatividad viajera.»

Sobre cada mesa, un átomo con varillas de las que cuelgan palabras de galleta china: *salados, ácidos, herbáceos, picantes, ahumados, cocina total, creatividad, únicos.*

A David el término *fusión* lo violenta por lo corrupto. Shanghái, Singapur, Lima, Londres, el barrio madrileño de La Elipa. Y un país sin mapa: Nueva Creatividad. David nació en La Elipa y renació en todos los otros lugares. Cocina sin memoria para comensales memoriosos, que no la olvidan.

En estos momentos de introspección, usura y retroceso, en los que se desagravia y ensalza el territorio, ¿por qué triunfa un cocinero urbano y su cocina de *no lugar*? Porque permite la excitación del viaje y rasga la rutina de los recetarios heredados.

MaletaX

La comida que se cuenta a continuación todavía sucede en la calle Pensamiento, antes del traslado al NH Eurobuilding. La tercera mudanza. «Al menos, durante diez años, que es lo firmado, pero no vendo ni de coña mi libertad. Nosotros somos independientes.» Y diferentes, dice, «queremos ofrecer una experiencia diferente, tanto en el contenido como en el continente». Decorado, *plato lienzo*, vestuario, y el continente. ¿Existe otro continente por descubrir más allá de la vanguardia conocida?

Las maletas, siempre a punto. A David nunca le ha dado miedo moverse. Es en el movimiento, es en lo febril, donde se siente libre. Quedarse quieto es consumirse, amontonar cera derretida.

Barruntó durante tiempo dejar España, pese a la fama y a las tres estrellas Michelin y a los amores desatados, y ser un buscavidas en otras metrópolis.

Ha decidido quedarse y exportar su X en dosis menores: el modelo Streetxo, una barra que nació en unos grandes almacenes de Madrid, que ha conocido ya su primer traslado y que se ha abierto a otros cielos. El *street food* de interiores tiene descendencia en Londres y abandonará Europa camino de Singapur, Macao y Nueva York

MenúX

En la sala, que solo sienta a treinta comensales, la bailarina Ángela Montero (1985) sirve con una delicadeza severa.

Ha diseñado sus movimientos, el ballet del comedor. Es una delicia verla deslizarse.

«Naturalidad, espontaneidad, dinamismo y buen rollo y consumación de una experiencia que pretende ser cultural, distendida, divertida y apasionante», alternativa de David a la residual y anquilosada «liturgia de la sala y costumbres de la alta gastronomía». Ángela resume el quehacer: «Es bailar y actuar.»

En la mesa, otra coreografía compleja, minutada, precisa.

La sopa agria de rabo de toro, mini sardinillas secas y angulas («fideos del mar», los llama para serenar). El sándwich de rabo de toro con angulas al ajillo. La misma historia contada desde varios puntos de vista.

El *posticker* Shanghái (*dim sum*) de capón y círculo de harina de trigo. Comer con la mano, dar la mano, tocar, comunicarse.

Mollete chino de trompetas de la muerte, piel de leche, cecina ahumada de buey colgada de un gancho como las banderolas de los samuráis de Kurosawa.

Cococha Sechuán con brandada de bacalao, lenguas de pato y aguacate. Que hablen los patos, o callen para siempre.

Ventresca tibia de bonito, huevos fritos (en una empanadilla), *kimchi* y *allioli* de ajo negro.

Todo eso sucede a mediados de 2012 y solo es el ensayo de lo que pasa a mediados de 2014, dos años después, antes de ese tercer traslado o movimiento en el tablero.

«Vías inéditas de emplatado», aprieta el chef. Una característica de la vanguardia *tradicional* es construir el plato entre varios, y la vez, y en la intimidad de la cocina. En DiverXO operan en público, ante el comensal, y de forma simultánea: a medida que se come, los cocineros suman elementos. Organizan la composición sobre un *plato lienzo*.

Un sándwich de conejo y anguila. Taco de conejo deshuesado y salseado. Flor de láminas de champiñón, pintada con espray de hibiscus (la calle en la sala, el grafiti en la sala). Encima, la piel de la anguila, pétalo crujiente. Mollete chino de conejo guisado con una esferificación de mandarina. Un plato que son muchos platos. Dos productos que son muchos productos.

Es una cocina con facetas: según qué cara se mire es una cosa u otra.

En las recetas *diverxas,* los ingredientes parecen como si estuvieran a punto de colisionar en una calamidad gustativa, pero se entrecruzan y rozan de la misma manera que los aviones acrobáticos, alelando al espectador, sobresaltando el corazón, empujando la sonrisa.

DaviX MuñoX

El perito industrial Agustín y el ama de casa Rosi parieron al mutante. Su hermano mayor es Jorge. «Todos en mi familia son del Real Madrid. Mi abuela lavaba ropa en el Bernabéu y mi abuelo era acomodador en el campo. Yo soy del Barça.» A contracorriente. «Yo soy del Barça» también es un *piercing.*

«Hace más de veinte años, tendría once o doce, comenzamos a comprar jamón de pato y salmón ahumado en las Mantequerías Alemanas. Mis padres se morían por esas cosas.» El salmón y el pato eran los símbolos de los trabajadores hacia la transición burguesa. Están en el mismo rincón de la memoria que las camisas de seda.

En los tiempos del salmón y el pato conoció a Abraham García, el chef del sombrero y la fusta, en Viridiana, el restaurante de la heterodoxia, donde confluían las cocinas mundiales. Alguien llamó fusión al intercambio con un resultado trágico.

«Fuimos muchas veces. Lo idolatré, me encantó. ¡Comer algo que salía de la cabeza de un tipo! Tengo flases, como el bol de carabineros con *lemongrass* y salsa de sus cabezas.» La cabeza de un tipo. La salsa de sus cabezas.

«Salir de los parámetros estipulados me viene por él. Excesivo para lo bueno y para lo malo.»

A los trece años, convertido ya en *groupie,* aguardó a que acabase el servicio para reclamarle una receta. Otros, a su edad, en La Elipa, estaban más pendientes de Nirvana y los tejanos rotos. «Me acompañó mi padre. Era la terrina de fuagrás al Pedro Ximénez.» Intentaba comprender la inconsistencia del hígado graso y la baba negra y viscosa del vino dulce.

Se agenció *Nueva cocina mediterránea,* libro de Josep Maria Flo de 1996, que escondía en un cajón para fingir que las gulas en tempura o el pastel de calamar eran inventos propios. «Una cocina con intención creativa de un chaval de dieciséis años.»

Los domingos jugaba al fútbol con las categorías inferiores del Atlético. Los sábados por la noche cocinaba en secreto. La excusa del fútbol mañanero le permitía la vocación sin tener que delatarse ante los amigos, embarrados en las discotecas con cubatas pedregosos.

ChaquetillaX negraX

La primera chaquetilla. El uniforme de pequeño héroe. La simbología del blanco. Ya solo visten de blanco el Papa y los cocineros, los nuevos pontífices.

La chaquetilla de David es negra, distinguida, distinguiéndose. «El vestirme de cocinero en la escuela de hostelería fue superimportante.» Ser investido como un congregante en la comunidad de la grasa.

Pidió, por supuesto, ir a Viridiana y ante Abraham se reveló como aquel cliente infantil que había adorado la quesadilla con huitlacoche. Tenía dieciocho años y en poco más de dos meses fue el segundo de cocina, demostrando la obcecación que orienta sus pasos. Maneja la voluntad como un espagueti en el agua hirviendo, ablandándola.

La tenacidad de David es como la mandíbula del tiburón. Una vez trinca la presa en la redecilla mortal no hay manera de liberarla.

CabelloX

«¿Pelo de mohicano? Pues pelo de mohicano. Trabajo dieciséis horas al día siete días a la semana. Necesito hacer cosas, divertirme. A los dieciséis me rapé la cabeza al cero.»

Era verano. Hacía calor, iba tras la pelota. La alteración comenzó ahí. Los rayos del sol raspándole el cráneo. David sabe que el carácter conlleva padecimiento.

El cabello también es un detector de tontos: desvía la mirada hacia la anécdota, mientras él profundiza en lo importante.

LondreX

«O Londres o Nueva York. Entonces, mi idea de la cocina china era: la soja es una salsa salada, el cilantro sabe a jabón. Rollito de primavera, arroz tres delicias, pollo al limón: los platos que conocía.»

Con ese bagaje de palillo viajó a Londres a finales de 2001, donde estuvo cinco años, para emplearse en un par de casas notables hasta concluir en Hakkasan, el chino de referencia de la capital británica con una estética de fumadero de opio para clientes con chaquetas en busca de un peligro imaginado. La semioscuridad contribuye al misterio y a la cocina desdibujada.

Contratado como pastelero, los maestros chinos no permitían a los occidentales penetrar en el reino del calor, conteniéndolos en la parte fría.

Sin dejar de sonreír y sin comprenderlos, doblando el turno y la desconfianza de los asiáticos, David consiguió que lo admitiesen en el club de la llama para estudiar las elevaciones del wok. Maestro de la sartén, le ha dado un nuevo uso. ¡Wok sin wok! Chipirones achicharrados ocho segundos en la llamarada, sin recipiente.

«Los chinos se reían en mi cara... Hay muchas formas de entender la gastronomía. Eso es lo que aprendí en Hakkasan. Una yema no es lo mismo para ti y para ellos. Puede ser algo fermentado, casi putrefacto.»

Fue en aquellos días de lluvia y frío cuando DiverXO empezó, lentamente, con sigilo, a fermentar.

ÁngelaX

En este relato X se ha nombrado poco a Ángela y su deriva elástica. Señora de DiverXO, se mueve en la sala sin sacudir el aire. Es bailarina, antes profesional, sigue aprendiendo, da clase a niños.

En sus brazos, el perro *Dumpling*. Pudo haberse llamado *Wanton* o *Chop Suey*. *Rollito* sería indigno. Viajaron juntos a Londres, ella con una beca para elevarse con una compañía de danza. Fue después, a la vuelta, cuando se separaron obligados por las deudas.

Fuerte y con voz suave, porque esos son los materiales del baile.

MadriX

Los arqueólogos del paladar tendrán que saber que el DiverXO original apareció en 2007 en la calle de Francisco Medrano, frente a un *parking*, que auguraba un estacionamiento momentáneo.

Cuando era empleado de Viridiana, con veinte años, David había metido la pasta en la empanadilla inmobiliaria. «Después de haber vivido con Ángela tuve que vender el piso para abrir el restaurante. Volvimos a casa separados. Acabé durmiendo en el restaurante en una cama hinchable, en el piso de abajo. A veces también se quedaba Ángela.»

Los comensales que supieron de la historia subterránea entendieron que David era alguien auténtico, pues renunciar al confort del hogar por una cama de cámping era comprometerse, al menos con el suelo. Que iba en serio, que era de verdad. En las noches insomnes se le apareció el *dim sum* de conejo estofado con variaciones de zanahoria y la *Spanish Toltilla*, que aun con nombre de pesadilla fueron platos apoteósicos.

Madrid acogió al chef mohicano con fervor y el comedorcito —donde ya bailaban Ángela y el sumiller Javier Arroyo, cuyas manos manejan el champán y los amontillados— fue la novedad deseada, con la excitación añadida de que estaba en el barrio de Tetuán y que el chef era de La Elipa, lo que permitía a los críticos el grato y paternalista deporte del descubrimiento.

«Vivo de prestado.»

Las palabras incendian la atmósfera del comedor. ¿Se refiere a entonces o a ahora, a que le incomoda el triunfo y lo sitúa en la provisionalidad, o que evoca al coche del abuelo de Ángela que les sirvió de transporte?

ÉxitoX y crisiX

«En 2011 pensé en cerrar e ir a Singapur.» No es una frase sencilla de comprender bajo el neón de los premios.

«Mi problema consiste en gestionar las expectativas de la gente. Siempre he tenido miedo de no dar la talla. El éxito pudo haberme destruido, pudo haberme encogido o pude haber pensado que era Dios.»

Es muy interesante la primera parte de la reflexión, la del achicamiento.

«Era una carrera a largo plazo, DiverXO no estaba más que empezando.»

Esa fue la primera crisis, la de la notoriedad instantánea. La segunda la padeció un cocinero experimentado, célebre, requerido, los años (2009-2010) en el que los premios se le posaron sobre la cabeza como un aura, el Nacional de Gastronomía y la segunda estrella Michelin.

«Es cuando pensé que lo había entendido todo, que iba sobrado de todo. La situación se desbordó con el *boom* mediático. Me quedé paralizado. Pensaba: "Me ha ido tan bien que no voy a sacar un nuevo plato, la voy cagar." Me aterra la frase: "Esperaba más." Es lo peor que me pueden decir. No era capaz de disfrutarlo.»

La mudanza en junio de 2009 a la calle Pensamiento fue también un tránsito cerebral. Se le destaponó el cerebro, fluyeron los miedos como un líquido viscoso y soltó de sopetón ocho platos. En 2011 fueron cuarenta, que saltaron del eslalon capilar. «Volví a pasarlo bien. Volví.» Desde entonces han dejado de preocuparle las cifras: «Entre el último trimestre de 2013 y 2014 hemos hecho cuatro o cinco platos por mes.» Las ideas son como galgos en la curva, elásticas y veloces.

GuindillaX

«Tengo una ambición bien entendida, me quiero comer el mundo.»
Las guindillas pican.
David pica.
Algunos, se escuecen.

LOS PLATOS VERTEBRALES

2007   Spanish Toltilla

Fue el primer plato que pensé estando en Londres, y el primero con el que hice pruebas no oficiales para DiverXO que probaron familia y amigos. Para mí fue un antes y un después, ya que fue el primer plato que hice absolutamente mío, en cuanto a creatividad y concepto. En ese momento fui consciente de que lo que estaba haciendo, no se había hecho antes, era un camino nuevo.

2008   Raya con salsa XO, mayonesa de jabugo

Un icono de la primera parte del antiguo DiverXO. Era la primera vez que utilizábamos la salsa XO, parte del nombre del restaurante. Y marcaba, una vez más, un camino, que posteriormente desarrollaríamos en repetidas ocasiones. Hacíamos una cocina eminentemente viajera, pero con planteamientos absolutamente inéditos. Era una forma nueva, por ejemplo, en este caso de entender la salsa XO con una elaboración como la raya al carbón.

2009 Cochinillo pekinés en dos tiempos

Lo primero que hay que decir de este plato es que ha sido uno de los que más éxito han tenido en la historia del restaurante. Implicó un cambio de filosofía en cuanto a la forma de comer y de plantear la creatividad. Por un lado, empezamos a usar mucho las manos, mucho, mucho, las manos, como otras culturas, como la vietnamita o la tailandesa. Y porque empezamos a tener platos con varias partes, que quizá fueron el germen de lo que luego serían los lienzos y sus evoluciones. A lo mejor aquel fue el momento en el que me di cuenta de que la cocina de DiverXO debía tener un continente en que el poder desarrollar un discurso más amplio. Porque en un plato se quedaba corto, y una sola elaboración se quedaba corta. Fue la primera vez que tuvimos dos partes en un plato. La primera vez que hicimos un plato en progresión.

2010 Rape chifa glaseado exprés [VER RECETA]

Fue el gran éxito del comienzo del DiverXO de la calle Pensamiento. Hasta ese momento habíamos innovado con planteamientos, con construcciones de platos, con sabores y con esa cocina viajera con cada vez menos referentes. Y empezamos a innovar también con las técnicas *viajeras*. En este caso era un wok, pero la forma de utilizarlo era nueva. Era un camino por explorar en el uso de las altas temperaturas vinculadas a una cultura como la china, y vinculadas al wok. Podríamos decir que este fue el primer plato brillante, que innovaba con técnicas sin referentes. Que, además, como resultado, tenía una forma no vista antes de comer un rape, tanto por textura, como por color, como por sabor. Encontramos un rape súper esponjoso, sellado por fuera, cauterizado a altas temperaturas. Había conservado el agua, quedaba absolutamente ennegrecido por la acción del hierro a alta temperatura. Y el sabor: conservaba el sabor nítido a hierro fundido con el pescado, que era brutal.

2011 Mollete chino al vapor de trompetas y trufa

Fue otro de los platos que más ha gustado en la historia de DiverXO. Uno de los platos más golosos que se han hecho en el restaurante. Aunque hicimos versiones anteriores, los primeros *baos* servidos dentro en un plato en la cocina española se hicieron en DiverXO. Este fue posterior al primero que servimos. Esa elaboración luego ha servido de inspiración a muchos otros cocineros, cosa de la que nos sentimos orgullosos; amén de ser un plato goloso, de mucha intensidad de sabor, de estética preciosista, modernista y algo kafkiana, dicho sea de paso. Con resultados en la boca muy reconocibles y sorprendentes.

2012 Shabu-shabu de pulpitos

La hecatombe de la creatividad. Plato muy creativo, muy efectista, muy efectivo. No hay una mejor forma de comerse el pulpo pequeño que recién hervido. Vanguardia, puesta en escena, sabor, sabor, sabor. Una vez más era un plato que tenía cinco partes. Del germen de aquel cochinillo, que era un plato en progresión, a este, en el que la progresión había cobrado sentido de verdad. Para nosotros fue muy importante porque nos dimos cuenta de que era fuente de inspiración para grandes cocineros, lo que nos hizo sentir muy orgullosos, muy felices y empezamos a darnos cuenta de que había mucha gente mirando a DiverXO y lo que hacíamos.

2013 Cococha al pilpil de fuagrás, «finger lime», «horseradish» y cacao [VER RECETA]

La cococha fue la primera progresión que hicimos en lienzo, fue lo primero que servimos en un *plato lienzo*. Implicaba una nueva técnica de cómo utilizar la grasa del fuagrás, con la que montábamos un pilpil inédito y diferente. Nos ha acompañado durante dos años y medio y todavía nos acompaña porque, además, es un plato de resultados muy sorprendentes, de formas muy limpias y de conceptos brillantes.

2014 Conejo y anguila [VER RECETA]

Sabor, intensidad, rock&roll, transgresión, barroquismo bien entendido. En este caso, el discurso del *plato lienzo* en todo su esplendor. El plato tiene hasta siete evoluciones, todas tienen sentido, todas tienen un único mensaje. Se articula de muchas formas en un plato muy DiverXO, de concepto viajero y que plasma totalmente el momento actual. Es un punto y seguido de lo que será el devenir del propio restaurante.

Rape chifa glaseado exprés

Ingredientes y elaboración
Para 4 personas

Para el caldo de rape

2 cebollas
2 unidades de ajo
2 tomates
½ l de vino blanco
2 cabezas de rape
250 g de mejillones
250 g de chirlas
2 g de azafrán

Hacer un sofrito con el ajo, la cebolla y el tomate. Añadir la cabeza de rape, mojar con el vino blanco. Dejar evaporar, introducir los mejillones, las chirlas y el azafrán. Cubrir con agua y hervir durante 30 minutos.

Colar y reducir el caldo.

Para los puerros confitados

2 puerros
50 g de mantequilla
Sal

Limpiar los puerros, introducir en una bolsa de vacío con la mantequilla y la sal.

Cocer a 80º durante 50 minutos. Una vez cocidos, cortar y marcar en la plancha.

Para la patata violeta

500 g de patata violeta
Aceite
Sal

Cocer la patata violeta en agua. Pasar por el pasapurés. Añadir sal al puré y aceite de oliva.

Estirar entre papeles sulfurizados, dejar secar y luego freír en aceite caliente.

Otros ingredientes

1 lomo de rape de barriga negra
100 g de sésamo negro
Salsa de soja
Salsa barbacoa china con especias

Limpiar el rape. Una vez porcionado, envasar al vacío con un poco de salsa de soja. Cocinar en el Roner a 65º durante 4 minutos y medio.

Tostar el sésamo negro en una sartén y hacer un polvo con la Thermomix.

Presentación

Una vez marcados los puerros en la plancha, poner en el plato junto con un punto de salsa barbacoa china, el polvo de sésamo negro y la patata violeta.

Con el wok bien caliente, marcar el rape, tostándolo por la parte exterior. Glasear con el caldo del rape reducido dentro del propio wok.

Cococha al pilpil de fuagrás, «finger lime», «horseradish» y cacao

Ingredientes y elaboración
Para 4 personas

Para el pilpil de fuagrás

1 hígado de pato fresco
12 cocochas de merluza
Caldo de cabezas de merluza
*(reducido hasta conseguir
una textura gelatinosa)*

Cortar el hígado de pato, disponer en una bolsa de vacío y cocinar al vapor a 85º durante 20 minutos hasta que se funda la grasa. Recuperar la grasa.

Disponer la grasa junto con las cocochas en una *sauté*, cocinar a 65º, incorporando un poco del caldo de cabezas de merluza para ayudar a ligar el pilpil.

Para la emulsión de «horseradish»

500 g de nata
650 g de leche
420 g de *horseradish*
180 g de vinagre de arroz
Sal

Mezclar muy bien la nata y la leche. Introducir en la Thermomix junto con el *horseradish* y el vinagre de arroz. Triturar bien el conjunto durante 5 minutos. Colar y después emulsionar con el túrmix.

Para la salsa barbacoa.
A una receta de salsa barbacoa tradicional americana incorporar:

Vinagre de Chinkiang
Ciruelas chinas
5 especias chinas
c.s. de maltosa

Poner a punto la salsa barbacoa con los ingredientes citados a nuestro gusto.

Otros ingredientes

1 *finger lime*
c.s. de cacao en polvo
Setas de arroz
Sal

Hervir las setas de arroz con sal durante 5 minutos y después marcar en la plancha.

Pelar el *finger lime* y recuperar los granos del interior.

Presentación

Disponer los granos del *finger lime* sobre el plato. Sobre ellos, las cocochas y napar con el pilpil de fuagrás bien ligado. Acompañar con las setas, un poco de cacao en polvo, unos puntos de salsa barbacoa. Finalmente, disponer la emulsión de *horseradish*.

Conejo y anguila

Ingredientes y elaboración
Para 6 personas

Sándwich de conejo escabechado
6 piernas de conejo
2 cebollas rojas
1 cabeza de ajo
2 zanahorias
3 tomates
200 g de vinagre de Jerez
200 g de aceite de oliva
1 l de caldo de pollo
Laurel, tomillo fresco, pimienta
negra en grano, clavo de olor,
cilantro en grano
Sal

Dorar las piernas de conejo e introducir en una cazuela junto con el resto de los ingredientes, dejar cocinar lentamente.

Recuperar la carne de las piernas de conejo, reducir el jugo restante. Poner a punto nuestro relleno con el jugo, el vinagre de Jerez, la sal y la pimienta.

Dejar reposar el relleno 16 horas, cortar la ración y ponerla entre el pan de molde.

Otros ingredientes

Pan de molde
Mayonesa de chile chipotle
Anguila ahumada

Marcar en la plancha, poner un filete de anguila ahumada y la mayonesa de chipotle.

Para el rulo de conejo

3 paletillas de conejo
10 huesos de jamón ibérico
2 cebollas

Deshuesar las paletillas de conejo, hacer un rulo con la ayuda de papel *film*. Envasar al vacío y cocer durante 6 horas a 60 grados.

Hacer un caldo muy untuoso de jamón junto con las cebollas. Reducir hasta conseguir casi una glasa.

Para el mollete de conejo al vapor

3 paletillas de conejo
Riñones y corazón
200 g de chalotas
50 g de dientes de ajo
60 g de jengibre
2 l de vino tinto
Caldo de caza
Mantequilla
Chocolate

Picar el ajo, la chalota y el jengibre. Hacer un sofrito y añadir las paletillas (previamente marcadas), los riñones y el corazón. Mojar con el vino tino reducido y el caldo de caza. Dejar cocer hasta que la carne esté tierna.

Recuperar la carne, reducir la salsa.

Preparar el relleno con la carne deshuesada, la salsa reducida, un poco de chocolate y mantequilla.

Para la masa

200 g de harina baja en gluten
75 g de azúcar glas
125 g de almidón de trigo
140 g de agua tibia
30 g de levadura fresca

Preparar una masa con los ingredientes, dejar fermentar 30 minutos. Cortar a tamaño de molletes y rellenar con la farsa.

Cocer al vapor durante 12 minutos.

Otros ingredientes

Champiñones botón
Pieles de anguila
Vinagreta de cebollino
Yemas de huevo de codorniz

En crudo, cortar el champiñón en finas láminas.

Limpiar las pieles de anguila, secarlas y, después, freír en aceite bien caliente. Preparar una vinagreta con aceite de cebollino, vinagre de Jerez, un poco de lima y sal.

Presentación

El plato se compone de varias partes. En primer lugar, el sándwich de conejo escabechado y anguila.

Después, el rulo de conejo, que doraremos en la sartén y naparemos con el jugo untuoso de jamón ibérico, el cual acompañaremos con los champiñones y la vinagreta de cebollino. Romperemos encima las pieles de anguila frita.

El último paso es nuestro mollete de conejo. Recién salido del vapor, le pondremos una yema de huevo de codorniz encima.

ÁNGEL
LEÓN

El cocinero del capitán Nemo

Ángel León está en tránsito, de Aponiente a El Molino de Aponiente, abierto a un estero. Sin moverse de El Puerto de Santa María (Cádiz), amplía el horizonte. El Chef del Mar saca el catalejo para mirar más lejos. Forjador de la Nueva Cocina Marinera, investiga qué puede sacar de las aguas para que brille en tierra.

ÁNGEL LEÓN

Ángel León aprecia el poniente y teme al levante. «El levante es locura y tengo mis momentos de locura, tormento y tensión. El poniente da frescor. Me quedo con el poniente. Es más controlable.»

Ángel es poniente, León es levante.

El viento. La bahía de Cádiz. La barca *Escorpio*. Y el padre, también Ángel, la piel de sal. «Mi padre es un loco del mar, una pasión psicótica pero sana.»

Por afición acuática, el padre es un pescador. Por profesión terrestre, el padre es médico, hematólogo, un estudioso de la sangre. La sangre tiene que ver con esta narración. La de los peces. La de los humanos. La de la familia.

«Con trece-catorce años, mi mejor amigo era mi viejo. En el mar nos encontrábamos de tú a tú. De lunes a viernes nos llevábamos fatal porque yo era un estudiante pésimo. Los fines de semana, solos, era otra cosa.»

La madre, Pilar, es médica y, al igual que el padre, exploradora de la sangre. Ángel nació en 1977 en Sevilla, el tercero de los hermanos, una diseñadora, una abogada y un economista. Altas profesiones, acuchilladas por las manos ensangrentadas de un cocinero.

La familia se trasladó a El Puerto de Santa María porque los padres fueron contratados en el hospital de Jerez y prefirieron educar a los hijos frente al océano y los vientos propicios. Ángel heredó el nombre del padre y el gusto por las olas bajo un sol africano.

«Yo era un mero grumete que seguía sus pasos.» Puede que lo embarcara como mascota, aunque a bordo se hizo compañero.

«Mi padre estudió la carrera a la luz de las velas. En casa de mi abuela no había luz. Su amor por la mar nació cuando se embarcaba. Hacía de practicante en los barcos.»

La madre y los hermanos se marean, así que el barquito *Escorpio* es territorio particular, vedado, avituallado con el afecto de dos hombres solos. Espacio para el silencio y el silbar del poniente. No hablan, gruñen.

Los motores les permiten llegar al Estrecho y su frontera de agua. El padre es sordo del oído derecho. Ese desequilibrio lo mantiene en pie: no se marea aunque el levante saque los dientes y lo ponga a bailar. Ángel ha aprendido a estar firme en las peores condiciones.

Pescan a mano con guantes, alzando corvinas de treinta kilos. «Esa lucha es mejor que el sexo.» Pescar consiste en cansar al pez. Es entonces cuando Ángel piensa en Hemingway. Los héroes —su padre está en otro cesto— son esos personajes, de verdad o mentira, con salitre tras las orejas: Hemingway, el comandante Cousteau, el capitán Nemo. Fue con una relectura de *Veinte mil leguas de viaje submarino*, a 20.000 leguas de El Puerto, cocinero en el exilio de Burdeos, cuando se le ocurrió trabajar con el plancton. Aún pasarían años para que profundizase en el verde microscópico.

Todo lo que es Ángel lo debe al *Escorpio* y su cabotaje. «A mi madre le daba asco limpiar los interiores del pescado, así que lo hacía yo. ¿Por qué? Por la ansiedad de saber qué habían comido para ponerlo como cebo. Por eso comencé a cocinar.»

La sangre, la entraña. Entender el interior para dominar el exterior.

Sin sospecharlo, incubaba una preparación del futuro, el embutido de lisa, colmado de grasa y Omega 3, una recreación del chorizo ibérico. Con pimentón y ajo, lo imita, confunde a los gourmets pedantes. «La lisa es el pescado que más me gusta. Supera a la lubina. No daña a nadie. Y filtra y filtra.»

Ángel acumula unos cuantos hallazgos: el uso de las escamas en polvo como potenciador de sabor y de los ojos (humor vítreo) como emulsionante (ambos, de 2001); el Clarimax (2003), un clarificador de caldos gracias a las algas diatomeas; la brasa de huesos de aceitunas (2004); las investigaciones con el plancton (2005) y el espejismo del pescado que simula carne (2006); la bioluminiscencia o cómo alumbrar un plato con bacterias y microalgas (2014) y la liofilización de crustáceos para harinas potenciadoras de sabor (2014). Saber fabricar *hits* es más peliagudo que meter una maqueta del *Titanic* en un benjamín de cava.

La damnificada de esta historia es Pilar, la madre, que teme las expediciones en solitario del padre, preocupada por la edad y la sordera. Porque Ángel, atareado con el restaurante Aponiente y sus servitudes, intentando que el negocio flote, lo acompaña cada vez menos. Con sorna, el doctor le engancha el anzuelo.

«Mira si es *pringao* eso del Chef del Mar que no puedes salir a pescar.»

El Chef del Mar es la marca, el alias, el título del primer libro. Al principio le dio vergüenza, los amigos lo soltaban como humorada. Se ha acostumbrado, le gusta. Ángel define lo que ventilan en Aponiente como «la cocina marinera del siglo XXI». Se equivoca. Sus principios son distintos de los de los otros especialistas en agallas. Ojalá lo copiaran. Prudente con el consumo de pescados aristocráticos, la bandera son los descartes, escamas de segunda que él trata con el énfasis reservado a los de primera. Con los años ha ido perfeccionando esa filosofía espinosa.

«La globalización nos ha llevado a un pescado limpio, sin cabeza, en filetes. No tenemos tiempo y eso hace que consumamos pescados sin interés: panga, perca del Nilo. ¡Los pescados invasores han llegado a El Puerto de Santa María!»

Qué aberración: disponiendo de verdeles frescos, ¿por qué elegir esa momia egipcia conocida como tilapia? Los ciudadanos pescan en los arcones de congelados del súper. Peces que no parecen peces, que no tienen forma de pez.

Los consumidores temen a la comida intimidante, con ojos, con boca, con cara. Renuncian a la realidad por la ficción de las barritas rebozadas. O por el surimi, esos retales pasados por el chapista, con un tinte exterior rojizo. Como sátira y reflexión sobre los conglomerados, el Chef del Mar presenta el surimi de pescado clandestino, pez lobo sumergido en jugo de remolacha, jengibre y cítrico. ¿Falsificar lo falso? Un problema filosófico.

Hay ironía y ensoñación, juego de es-y-no-es, prestidigitación sobre los manteles. La burrata es grasa de pescado emulsionada con lácteos rellena con erizo, la panceta es el pulpo tratado como si fuera bacón con manteca *colorá*, los pimientos rellenos son calamares tintados, la caballa (desangrada en alta mar) está cubierta con la mayonesa de sus pieles, los higaditos de la bahía son vísceras de rapes y bogas curadas con sal y prensadas, la codorniz de estero es el lomito de una corvina, las manitas a la marinera son pieles de raya y el tuétano de vaca es parpatana de atún servida en un hueso, simulando la víscera del rumiante.

Aponiente es cocina, sobre todo cocina, pero también conciencia. Tres *nos*: no barra (en esta tierra donde se tapea encanallado es un escándalo), no carne (pero sí la suplantación y el uso de su proteína, la carne-sin-carne, como salsa, enriqueciendo el pescado), no a los vertebrados de pasarela, sí «a los feos con espinas».

De Burdeos fue a Toledo, acercándose a El Puerto. De nuevo en casa, se estrenó como propietario con una taberna, Tambuche, en la que la croqueta alternaba con la ensaladilla. En marzo de 2005 zarpó Aponiente en la calle Puerto Escondido, qué nombre sugerente y misterioso, con frituras y arroces con moluscos. Entre esa fecha y 2010, la carrera de Ángel fue un pez globo: aumentó de tamaño, se hizo grande y, como consecuencia no deseada, segregó una dosis de veneno.

La impaciencia es uno de los defectos, el demonio de la prisa. Lo evoca Fernando Córdoba, chef del restaurante El Faro del Puerto, el primer jefe. «Era muy inquieto, siempre preguntando cosas. Venía de la escuela de hostelería. Le hacía limpiar cantidad de pescado. Al poco quería abrir un negocio. "Relájate, relájate." Siempre preguntaba: "¿Por qué, por qué?" Y eso es muy bueno.» Ángel asiente mientras rompe una tortillita de camarones, una red de harina y algas: «Fernando me bajó los humos.»

Tenía que ir más lento. Más lento.

Hace cuatro años se tatuó una tortuga para recordar de forma permanente, en la piel herida, que a menos revoluciones se razona mejor.

Fue después de la crisis de 2010, ahogado por el éxito descontrolado, con un matrimonio en el que estaba incómodo. «Tenía una ansiedad tremenda. Me encontraba por encima de mis posibilidades emocionales. Me separé después de once años de relación. Me encerré, no compartía mi vida, me apartaba de mis amigos. El restaurante me comió. El momento no era el mío. Me monté en la ola demasiado pronto. Las ideas diferentes hacían que estuviera ahí, pero no estaba maduro para reivindicar algo inédito y de vanguardia. El cambio fue en 2011, cuando le puse cabeza a todo y no solo corazón. Ahora, además de impulso emocional, comparto mi cabeza.»

Cabesa. Es uno de los comodines con el que se dirige a los demás. ¡Eh, *cabesa*! O *pisha*. O gloria bendita. O los tres a la vez. «Gloria bendita» es balsámico, un desestresante. Sin decir nada, complaces al interlocutor. «Antes me enfadaba enseguida, pero ahora con un *gloria bendita* a tiempo...»

En el diminuto apartamento de soltero, cuelga un traje de neopreno para las tardes de surf, cuando se ventila sobre la tabla montando el viento del noreste. Esta sí que es su ola, con la estrella Michelin de 2011 y la espuma del Premio Nacional de Gastronomía, que recibió a finales de junio de 2013. En una estantería, un cuaderno de bitácora que le regaló su padre. No quiere perderse otra vez. Ese padre que lo reprendía por su indisciplina con los libros y con el que colegueaba en la *Escorpio* los sábados y domingos.

«He dicho que era mal estudiante. No era exactamente eso. Tenía una hiperactividad de libro, infernal. Necesitaba estar muy activo. Dormir era un aburrimiento. ¿Cómo canalizar la fantasía, la creatividad? No lo sabía. ¿Cómo canalizar las ideas? Hasta hace tres años no he sabido ordenar. Nace el Mundo Aponiente. El mar está ahí para alimentarse de forma inteligente.»

Algún día, un psicólogo gourmet estudiará la relación entre cocina e hiperactividad. Y otro psicólogo analizará la maldad de algunos tutores periodísticos, los impacientes que hinchan la cabeza, la *cabesa*, de los cocineros jóvenes y los arrastran a las ferias de ganado para exhibirlos. El pez globo y su ponzoña.

«Estuve a punto de petar y quitarme de en medio. Temí ser un *boom* mediático, solo humo y no verdad.» Apoyado en Juanlu Fernández, con quien inauguró Aponiente y con quien comparte descubrimientos, temores, triunfos y desesperanzas, ha ordenado la dispersión, ha reprimido el artificio y se ha concentrado en la esencia. Al fin y al cabo, la hematología es el negocio familiar.

Plasma, sangre, plancton. El plancton es la sangre del mar, concluye: «Produce el 45% del aire que respiramos.»

El chef del capitán Nemo reinventa los guisos de a bordo con esos microorganismos que cultiva en colaboración con una empresa y la Universidad de Cádiz, con la que ha sacado a flote varios proyectos ictiológicos. Este hiperactivo es muy estudioso y halló en la universidad gaditana un aliado de primera hora.

«Si el plancton necesita luz, agua y temperatura, ¿por qué no un huerto marino? Cogemos células algales y las sembramos.» Han *plantado* 25 variedades, de las que solo usa seis. ¡Seis! «Si se estresan se transforman en marea roja.» Entonces, tranquilos, disfrutemos del arroz verde, de la ostrasin-ostra (*isochrysis*) y de un temaki (cono) de *nannochloropsis* relleno de raya. A 950 euros el kilo, consume entre 35 y 40 anuales. No es negocio.

La especialización extrema lo distingue, lo singulariza y le da visibilidad. Tiene un discurso original, es menos homologable a la vanguardia *tradicional* que otros de su generación, aunque usa algunos recursos y el impulso del movimiento. Un ecosistema propio requiere de un lenguaje propio.

Aponiente es chico. Comedor pequeño, cocina diminuta. Es un camarote que estrecha a Ángel, a Juanlu («la persona que mejor me entiende») y al sumiller Juan Ruiz, que maneja los vinos de la tierra que complementan al océano, fino, manzanilla pasada, amontillado.

En 2015, cuando el restaurante cumpla una década, Ángel se trasladará a un antiguo molino de mareas, El Molino de Aponiente. Siempre con la cara al viento. El viejo Aponiente será una taberna, una vuelta al origen, cuando solo aspiraba a ser tabernero. En busca de otros mares, ha diseñado una carta con anzuelo para el Hotel Mandarin, en Barcelona, en la que enganchar clientes con gran envergadura.

El molino es un edificio de grandes dimensiones abierto a un estero, esos canales por donde se cuela el mar arrastrando su fauna. En las aguas tranquilas planea una acuicultura revolucionaria, sostenible y saludable. «Criaré mis pescados, administraré una salina, plantaré las verduras», sueña el chef del capitán Nemo.

«Cuando alguien dice "eso es imposible", me muero de risa. Todo es posible.»

En la puerta de su vivienda hay una pegatina. «El origen de la vida. Plancton.» Aquí vive Plancton. Aquí vive el capitán León.

El levante arbitra el Estrecho.

LOS PLATOS VERTEBRALES

2008 Empanadillas de choco

Un plato a destacar porque recogía la esencia del sentir de aquella temporada, que era reivindicar los interiores de los cefalópodos, los hígados, los sabores más puros, más canallas y amargos del mar. En este caso, se interpretaban con un calamar y una infusión de mojama.

2009 Arroz de biomasa

Arroz cocinado con plancton como ingrediente para mostrar a nuestros comensales el sabor más potente del mar, el origen de todo. Se suavizaba con el arroz como conductor. De este modo, la gente empezó a entender el sabor del mar.

2010 Pichón marino [VER RECETA]

En esta temporada, Aponiente vivió una evolución, debido a que con un menú tan extenso la gente echaba de menos la carne y se nos ocurrió emular el sabor del pichón en un plato que realmente era pescado y así *engañar* al paladar con un falso guiño carnal.

2011   Surimi [VER RECETA]

Apostamos más por los pescados de descarte, entre ellos el tomaso, con el que hicimos este plato emulando el sabor del surimi (comúnmente conocido), aportando color con un licuado de remolacha.

2012   Chuletas

Pensamos en esos cortes de carne más avanzados y los llevamos al pescado, en este caso, del cordero. Lo acompañábamos de un fondo de cordero con matices cítricos. Así, saciábamos los gustos más carnívoros.

2013   Pimiento [VER RECETA]

Para nosotros fue realmente bonito desarrollar un trampantojo con un calamar con el color del plancton, rellenado con el tuétano de diferentes pescados. La idea era solucionar esa carencia de verduras que a veces hay en el menú. Creemos que de esta forma se insinúa la verdura y aportamos un guiño carnavalesco.

2014   Sopa yódica

Es una sopa fría en la que llevamos a cabo un aire congelado de agua de mar, agua de tomate, el jugo de unas lapas. Conseguimos el sabor más potente a mar a través de una sopa andaluza.

Pichón marino

Ingredientes y elaboración
Para 6 personas

Para el pichón marino

6 supremas de róbalo de 140 g cada una
6 hígados de pollo
6 corazones de pollo
6 hígados de róbalo
20 g de aceite de girasol
1 g de sal marina
1 g de pimienta negra rota
100 g de mantequilla clarificada
200 g de aceite de oliva virgen extra

Coger la suprema de pescado y dividirla en dos, realizando un corte longitudinal. Dar forma de pechuga de pichón ayudándonos con una puntilla.

Limpiar bien todos los hígados y corazones (frescos del día) y triturar en la Thermomix con el aceite de girasol y los condimentos, excepto la mantequilla y el aceite de oliva. Colar y reservar en la nevera.

Envasar al vacío cada pechuga con la marinada y guardar en cámara 48 horas.

Pasadas las 48 horas extraer los *pichones* de la marinada, limpiar bien de posibles restos que hayan quedado e introducirlos en una mezcla de mantequilla clarificada y aceite de oliva virgen extra durante 2 días más. Transcurrido este tiempo, los pichones marinos desarrollarán aromas como los de las piezas de caza a las que hemos dejado madurar.

Para el fondo base Aponiente
(fondo oscuro de ave)

8 kg de alitas de pollo
8 l de agua mineral
300 g de *mirepoix*
(cebolla y zanahoria TPT)
80 g de ajo
25 g de apio
25 g de puerro
20 g de aceite de girasol
Bouquet garni (pimienta negra, laurel y tomillo fresco)
300 g de vino tinto

Preparar las alitas de pollo estirándolas en bandejas Gastronorm de manera que no se toquen las unas con las otras para que el dorado sea uniforme. Introducirlas en el horno a 200º y dorar bien.

En una olla, rehogar el ajo con el aceite de girasol para que desarrolle el aroma. A continuación, añadir la *mirepoix* y dorar. Por último, añadir el apio y el puerro y rehogar.

Introducir en la misma olla las alitas doradas y desglasar las bandejas con el vino tinto, evaporando el alcohol para extraer el máximo sabor de los jugos caramelizados de las bandejas. Echar en la preparación, rehogar todo el conjunto y añadir el agua mineral fría. Llevar a hervor lentamente, desespumar y añadir el *bouquet*. Dejar cocer muy lentamente casi sin que hierva durante 6 horas para extraer el máximo colágeno y sabor. Transcurrido el tiempo, infusionar 2 horas más. Colar por el chino y Superbag y abatir. Desengrasar. Guardar en cámara.

Para el fondo de pichón

6 pichones
6 hígados de pichón
6 corazones de pichón
15 g de ajo
25 g de cebolleta
300 g de vino tinto tempranillo 100%
100 g de vinagre balsámico
100 g de vinagre de Jerez
200 g de fondo base reducido
2 g de tomillo fresco silvestre
20 g de aceite de girasol

En una olla, rehogar el ajo con el aceite de girasol. Añadir los pichones y dorar bien. Decantar, desglasar la superficie con la cebolleta, dorar y añadir de nuevo los pichones. Agregar el tomillo, dejar que desprenda su aroma y desglasar con el vinagre de Jerez. Reducir y desglasar con el vinagre balsámico. Reducir y desglasar nuevamente con el vino tinto. Reducir a seco y añadir los hígados y corazones bien limpios. Dorar y desglasar finalmente con el fondo base reducido. Llevar a hervor lentamente. Apartar del fuego e infusionar durante 1 hora. Colar por el chino y Superbag. Abatir y desengrasar.

Poner a punto de sabor y condimentación. Reservar en cámara.

Para la mantequilla rancia

1 kg de mantequilla clarificada

Filmada a ras, reservar la mantequilla clarificada a temperatura ambiente durante 45 días hasta que desarrolle aromas rancios.

Presentación

Calentar en una sartén la mantequilla rancia y llevarla a punto de humo *(noisette)*. Salpimentar la pechuga y dorar muy rápido en la mantequilla. En un plato sopero, salsear con el jugo de pichón y disponer la pechuga. Servir.

Surimi

Ingredientes y elaboración
Para 4 personas

Para el tomaso o pez mantequilla

1 tomaso o pez mantequilla
4 dientes de ajo negro

Coger el lomo del tomaso y sacar con ayuda de un cuchillo unos cilindros de 15 centímetros de longitud. Reservar en una bolsa al vacío.

Triturar el diente de ajo negro. Reservar.

Para el licuado

350 g de licuado de remolacha
6 tapones de soja
(el tapón de la soja)
Zumo de 1 limón
Cáscara de 1 lima
50 g de jengibre licuado

Se mezclan todos los ingredientes.

Cogemos los rulos de tomaso y los envasamos al vacío con el líquido del marinado. Dejar marinar al menos 12 horas.

Para los rabanitos yódicos picantes

Rabanitos pequeños frescos
Plancton *tetraselmis*
Picante de Marrakech
Agua

Con ayuda de una mandolina sacar rodajas de los rabanitos muy finas.

Hidratar el plancton con un poco de agua y ligar bien. Añadir un poco de picante de Marrakech. Mojar las rodajas de rabanitos en este plancton.

Para el requesón de queso Payoyo

50 g de queso Payoyo rallado
100 g de nata
400 g de leche
1 cáscara de limón
5 granos de pimienta
12 g de sal gorda

Infusionar en frío todos los ingredientes durante 24 horas. Al día siguiente, añadir el zumo de un limón y llevar a ebullición a fuego lento para que se corte. Meter en una media y poner peso encima para que escurra el suero y obtener la pasta. Meter esta pasta en una manga.

Presentación

Meter el diente de ajo negro triturado en una manga pastelera y dibujar unos puntos en el plato.

Sacar los rulos de tomaso de la bolsa al vacío y secar un poco. Cortar en rodajas de unos 2 centímetros de grosor, llegando a parecer una vieira, y poner encima del ajo negro.

Colocar el rabanito sobre el tomaso y, de forma armoniosa, poner tres puntitos del requesón de queso Payoyo.

Pimiento

Ingredientes y elaboración
Para 5 personas

Para el pimiento *(puntilla)*
10 puntillas limpias
25 g de plancton *tetraselmis*
disuelto en agua mineral

Marinar las puntillas 1 hora en frío con el licuado de plancton. Secar bien y reservar en cámara.

Para el relleno de la puntilla
300 g de parpatana de atún
75 g de cebolla *emincer*
30 g de escalonia *emincer*
150 g de oloroso
1 l de fondo de gallina
Aceite

En una sartén, dorar lentamente la cebolla y la escalonia. Eliminar el exceso de grasa. Desglasar con el oloroso. Reducir todo el alcohol. Mojar tres veces con el fondo de gallina, reducido a seco cada vez. Añadir la parpatana desmigada. Mezclar bien y condimentar. Reservar en manga en zona caliente.

Para el caldo de alcaparras

1 kg de pescado azul limpio y desangrado
250 g de alcaparras
2 l de agua mineral helada

En la Thermomix, triturar el pescado azul con las alcaparras. Añadir poco a poco a la mezcla los dos litros de agua hasta lograr una pasta homogénea. Verter sobre una olla y dejar en plancha caliente para que el engrudo del pescado coagule formando una tortilla como si de una clarificación se tratase. Separar la tortilla y aprovechar todo el caldo clarificado. Colar por el chino fino. Condimentar y reservar en cámara.

Presentación

Rellenar la puntilla con la farsa de parpatana caliente. Disponer el tallo de un pimiento de Padrón para asemejarla al pimiento. Disponer el caldo en una jarra y servir en sala.

FRANCIS PANIEGO

Bajo un manto de hojas

Francis Paniego necesita del aire puro para vivificar la mente y rebrotar, naturaleza y montaña y espacios abiertos. Su reino son diez kilómetros en torno a Ezcaray, en La Rioja. Con El Portal, donde ha encontrado un camino propio entre las potentes personalidades familiares, el cocinero completa la historia de Echaurren, más allá del hotel y de las celebérrimas croquetas.

FRANCIS PANIEGO

Da alegría ver saltar a Francis Paniego (Ezcaray, 1968) por Sagastia, prado cercano a la estación de Valdezcaray, donde La Rioja es hayedo y nieve.

La zancada larga y el pulmón encabritado, los alvéolos chorreando oxígeno. Brinca con poderío, trisca con entusiasmo: timonea al fin el Echaurren, en Ezcaray, el hotel gastronómico de la familia Paniego Sánchez.

Solo ahora, en este inicio de la madurez, sabe convivir con las presencias y las ausencias. Siempre estuvo rodeado de amor y precisamente es ese amor descomunal el que lo ha frenado y lo ha hecho titubear.

En él habitaban el recuerdo de su hermano Luis y la formidable mano gastronómica de la madre, Marisa Sánchez, la primera de las cocineras riojanas, la formuladora de la croqueta total y de otros platillos con huella, los caparrones con sus sacramentos, la menestra de verduras o la purrusalda.

«Estar aquí me despeja, me desestresa. Pasear por el bosque. Lo necesito. Ir a un hayedo. Coger la bicicleta de montaña o correr. Es oxígeno. Es pura supervivencia. Quiero cocinar desde la felicidad. En lo gastronómico estoy viendo la punta a algo.»

Pisar las hojas secas en La Zalaya y sentir cómo crujen y delatan. El que pisa la hojarasca se anuncia, por eso la eluden los ladrones.

Bajo un manto de hojas secas es el nombre de uno de los platos cruciales de esta etapa o renacimiento. Lo recrea desde 2010 y es la reproducción mental de un garbeo. Prefiere sugerir a construir, esbozar a modelar. La insinuación antes que la maqueta.

«No quiero ser tan explícito. Al principio me obsesionaba más la reinterpretación gráfica y realista que el gusto del plato. Quizá por falta de tiempo, de un mayor trabajo o de profundizar y buscar técnicas, decidí olvidarme de esa línea de paisajismo realista porque me causaba muchísima frustración y cierta ansiedad.»

El ocultamiento de la materia, el juego de enterrar y desenterrar, de resurgir y renovar. El mantillo protege y cura. ¿Estamos hablando de gastronomía o estamos hablando de personas?

Una crema de *ceps* y castañas —¿el barro?— cubierta con un confeti comestible (acelgas, remolacha, berza, ralladura de trufa, calabaza, lollo rosso, pétalos de rosa, hoja de roble), que desparrama los colores del bosque. A un lado, un bizcocho rojizo, suavidad que invoca lo rocoso. Es bueno. Es precioso. Este es el orden correcto de las virtudes.

Francis se ha abrigado con lo verde y, al salir, es otro, más hercúleo en lo personal y culinario. Aunque en sus trabajos ofrece proteína animal —y, sobre todo, de sus interiores con esa exploración en 2014 hacia lo profundo e invisible, las vísceras— es con las plantas donde demuestra el apego al territorio.

Al citar a los chefs con raíz, a los vegáfilos, a este y aquel coronado con margaritas, los especialistas lo olvidan y merecerían ser disparados a la cabeza con la remolacha asada a la sal con tallarines de sepia, esfera de yogur y tierra de bizcocho seco y tinta de calamar (2011). Tierra, tierra. La Rioja roja y marrón. El terrón carbonífero que delimita o acompaña las láminas de bacalao con sesos (2012). ¿Un pescado pensante?

Los que lo conocen han advertido un cambio: continúa siendo un chistoso, pero atemperado. Solo de madrugada, acabado el servicio, en ese momento en el que el cuerpo es un acordeón flojo, contará un chiste. En dos días, un solo chiste.

Le podías escuchar decenas en aquellos viajes salvajes y descacharrantes al valle de Napa o São Paulo.

El capítulo pudo haber recogido la experiencia de esos años y, siendo ya un chef completo, era también un hombre disperso y ligeramente descentrado.

«Estaba devorado por la situación, estresado, ansioso. En 2009, 2010 toqué fondo.»

Se ha corregido con disciplina, auxilio y fe en sí mismo, «terapia y crecimiento». Y apuntalado en Luisa Barrachina, su mujer, madre de Berta, Quique, Teresa, con la que ha soñado el Tondeluna de Logroño, una taberna de la nueva generación abierta en junio de 2011, móvil y cambiante, con mesas corridas que pueden descorrerse.

¿Por qué un hombre forjado en el fuego tradicional con los instrumentos de la vanguardia ha despertado con un negocio aparentemente secundario? Porque Tondeluna es de los Paniego Barrachina, pero no de los Paniego Sánchez. El espacio propio ha refrescado la ambición.

A Francis lo encuentras en Logroño, lo encuentras en Ezcaray y lo encuentras en Elciego, donde asesora la gastronomía del Hotel Marqués de Riscal, ese edificio de hojalatero loco diseñado por Frank Gehry.

En una de las terrazas de la vid metálica de Gehry, bajo una sombra de acero rubí, con los viñedos auténticos sujetando el paisaje, Francis calcula cuántas croquetas han vendido. Rumia, embelesado con la bechamel.

«En veinticinco años, unos dos millones.»

¡Unos dos millones! La croqueta, en el escudo nobiliario. Solo en los comedores de Echaurren pasan por pan y huevo unas 60.000 unidades anuales.

«Las croquetas son nuestro patrimonio. Y también las quince recetas de mi madre.»

Sería un error regodearse en el récord y en esa pequeña maravilla con corazón de pechuga de pollo y jamón que algunos citan como la mejor de la España croquetera, porque se descuidaría el alma del chef y sus cicatrices.

Francis es otro, concentrado, dueño al fin de su tiempo y su espacio. Remodela el hotel de los Paniego Sánchez, cuyos cimientos se clavan en el siglo XVII, y es en esa obra que enyesa la economía familiar con créditos bancarios donde se observa otra vez el empeño. «Es un hotel gastronómico, una experiencia absoluta que puede funcionar, con dos restaurantes, El Portal y Echaurren Tradición, y el gastrobar e-tapas en el salón de la chimenea.»

La industria de Ezcaray es el turismo —el casco antiguo es una maravilla y la iglesia Santa María la Mayor, frente al establecimiento hotelero, un espectáculo de piedra que el huésped admira desde la cama— y las butacas, con las que llenan cines y facilitan el consumo de palomitas. Este texto solo abraza la alta cocina.

Los Paniego conseguirán ser un pico en la hostelería europea: comes como un lobo y duermes como un tronco. Han trasladado la sustancia del hayedo y la sábana de hojas secas a los interiores. En el perfil de los paneles de madera diseñados por los arquitectos Rubén Picado y María José de Blas se adivina el bosque.

Francis elige hasta los colchones, comodísimos —«también los he puesto en casa»—, pudiendo delegar en otro, sabiendo que es a él a quien le corresponde.

Los hermanos, Chefe, a su lado, sumiller creador de una hermosa carta de vinos, congelador del paisaje, esquiador talentoso, y Marisa y Marta, saben que el menor es la cabeza y el tupé.

«Todos se han sacrificado por la casa. Soy lo que soy más lo que puedo llegar a ser. De esa idea nace Tondeluna, separarme un poco de Echaurren, iniciar un proyecto junto a mi pareja. En estos momentos me siento muy bien.»

Muy bien. Porque se han disipado los temores y las vacilaciones, porque intuye su potencia, porque ha dado grandes saltos, porque admiraba a su hermano Luis («quería ser como él, era mi punto de equilibrio»), porque es devoto de Marisa («mi madre no tiene clientes, tiene peregrinos»).

Porque es definitivamente Francis Paniego Sánchez.

«Mis sueños ya son los míos y no los de Luis. Mi psicólogo me ha costado. Si vives una vida que no es la tuya es un horror.»

El corazón del Echaurren se paró el 24 de diciembre de 1987 cuando Luis chocó con un camión. Negra Navidad.

«Lo escuchaba embelesado, la divinidad, mi hermano mayor, Luis, una devoción real. Era muy cariñoso, achuchándome siempre, casi un plasta.»

Luis era el cocinero, Luis era el hijo, Luis era el hermano. Han pasado veinticinco años y cuando preguntas a Marisa si está contenta por cómo ha evolucionado Echaurren y su justa fama, dirá:

«Me habría gustado que estuvieran todos. Todos.»

En este punto del relato de Francis hay desmayos, crisis, abandonos de estudios, lágrimas retenidas y pieles reventadas por la aflicción. «El mundo se derrumbó a mi alrededor, vi caer a mi madre muerta. Le dije: "No te preocupes, mamá, que yo me ocuparé de todo." No lloré ni una lágrima. A los tres meses me llené de granos, habones. El dolor tenía que salir por algún lado.»

En 1988, el padre, Félix, decidió remodelar el hostal y puede que en el ejercicio de demolición se buscase sin querer la catarsis.

Dieciséis días antes de fallecer, Luis acompañó a Francis al autobús que lo trasladaba a la escuela de hostelería, en Madrid, y el pequeño, con el pie en el estribo, expulsó las dudas: «No veo claro estudiar cocina, igual algo de empresariales.» Está obligado a las dos cosas.

Reclutado de manera definitiva para la milicia gastronómica, forzado a madurar, pasado por el rallador de Pedro Larumbe, Juan Mari Arzak, Benjamín Urdiain, Firmin Arrambide, Pedro Subijana y Ferran Adrià, es ahora cuando encaja el rompecabezas.

Una de las piezas grandes se la debe a su amigo Paco Bascuñán, diseñador, también difunto, que le aconsejó en 1998 jugar con dos cartas. Una preservaría la memoria de Marisa, aunque sin embalsamarla, siempre viva; en la otra florecería la propia, primero prudente y, después, descocada.

En 2002, consagró los dos formatos con la apertura del vanguardista El Portal, en un extremo del edificio, y la conservación del clásico Echaurren en el siguiente.

En una esquina, los callos y morros de ternera y la lubina con almejas, hongos y salsa marinera. En la otra, el carpacho de gamba roja con *tartar* de tomate, ajoblanco y caviar de vinagre y el rabo de cordero glaseado con jengibre y hortalizas. Pero no hay combate, sino abrazo y baile. Una cocina enorme sirve a las dos tradiciones, la antigua y la que están construyendo. Pero es ya Francis quien se ocupa de navegar entre ambas orillas, con Marisa y su bastón y su porte de gran señora como cocinera de honor.

El Portal cumplió una década recompensado con dos estrellas Michelin (la otra que Francis cose en la chaquetilla es la del Marqués de Riscal). Organiza en Tondeluna un festival gastronómico que atrae a Logroño a los *aristochefs* para charlas de proximidad. Esa taberna del futuro, donde confita la merluza a la romana a 45º para escándalo de los riojanos filoxéricos, brilla con un premio FAD de interiorismo.

De regreso a la montaña, a la pradera de Sagastia, tres nuevos saltos de carnero: el pintor Jackson Pollock, Paco Bascuñán y la explicación del *Polvo helado de hierba fresca*. Fue el diseñador el que le descubrió Pollock y sus pinturas de impacto, salsas estrelladas en el blanco.

«Paco comenzó a hablarme de la abstracción y de lo importante que es sugerir y, sobre todo, buscar el placer en la creación. La conversación fue muy relajante para mí, pues de alguna manera me liberaba de la necesidad de abordar algunos platos desde ese realismo que tanto me agobiaba.»

Ya en 2008 recogía en el libro *Echaurren, el sabor de la memoria* la primera versión de un paisaje sentido más que delineado.

Pasto (acelgas, lechuga, cebollino, albahaca, perifollo, eneldo, estragón), cordero (las mollejas), aire de leche ahumada, crema de queso.

«Con la *Hierba fresca* encontré un discurso, la comunicación con el entorno. Cuento cosas de aquí, sabores y aromas familiares. Empezó a marcar un cierto estilo. Cocina de terruño sin ser de terruño.»

Es la representación de un rebaño de ovejas o de cabras que nosotros, sentados en una piedra, observamos con una brizna de espliego en la boca.

Sopla la brisa y trae con ella el olor a limpio y verde.

Las nubes avanzan con prisa.

En el hayedo, a lo lejos, las hojas permanecen en el suelo, defendiéndolo.

Bajo la cubierta vegetal, crece lo nuevo.

LOS PLATOS VERTEBRALES

Año cero **Endibias rellenas, con salmón y gratinadas con salsa holandesa**

Un relleno a base de nata reducida, gambas, puerro y zanahoria en juliana. Rellenábamos dos hojas de endibias y las envolvíamos con unas láminas de salmón a modo de cinturón. Colocaba cinco de estas dobles endibias rellenas en el plato, formando una estrella. Mojábamos con la salsa holandesa el centro de la figura, un golpe de gratinador y a triunfar. Creo que fue mi primera creación, apenas tenía diecinueve años, corría el año 1989. Gustó muchísimo y me costó quitarlo de la carta.

1998 **Timbal de boquerones marinados, sobre hortalizas escalivadas y vinagreta de remolacha**

Este plato apuesta por cocciones muy cortas, casi crudas, un levísimo maridado. Algo inédito en aquella época en La Rioja. Aprovechaba las hortalizas de la tierra y jugaba con una vinagreta que aprendí en Arzak. El plato no era nada, pero para mí representaba una manera de distanciarme claramente de la línea de cocina de mi madre. Una manera de decir que yo quería ser yo.

1999

Cigalas salteadas con ajos tiernos, alcachofas fritas, puerros crocantes y vinagreta templada.

Se trata de otro plato que continuaba poniendo tierra de por medio entre la culinaria de mi madre y la mía. Aunque quizá no acababa de despegarse del todo. Las verduras riojanas seguían ahí.

2000

Crema de caparrones con ravioli líquido de berza y delgadillas de Haro

Un plato tradicional revisado, utilizando la técnica del ravioli líquido recién aprendida durante el mes que pasé en El Bulli (septiembre de 1999) y muy en boga en aquella época. Por fin nuestra cocina comenzaba a configurar una línea.

2001

Copita de oreja de cerdo con tacos de fuagrás y «gelée» de vinagre de vino tinto

Las elaboraciones en copa de cóctel se llevaban mucho. Una oreja guisada y deshuesada de manera tradicional, con su típica salsa, pero servida a modo de *irish coffee*. La reducción de vinagre de vino en el fondo aligeraba el conjunto. Unos dados de fuagrás a la plancha y a comer a cucharadas.

2002

Merluza a la romana confitada a 45 °C sobre pimientos asados y sopa de arroz [VER RECETA]

Este plato es una forma de homenajear y agradecer a mis padres su generosidad por dejarme emprender mi propio proyecto, El Portal de Echaurren. Se trata de una revisión de un clásico, la merluza a la romana. Utilizando la baja temperatura, conseguimos un icono de mi cocina. Tal vez sea el plato con el que más se identifique mi trabajo.

2003 Suero de tomate con «brunoise» de manzana verde y cebollino recién cortado

Nuestra cocina había evolucionado bastante. En 2003 tratábamos de ser mucho más puros y esenciales. Era la época del *menos es más*, minimalismo, concreción. Servíamos este agua de tomate aliñada con toques de ajo, manzana y cebollino a modo de aperitivo, de declaración de intenciones.

2004 Guisantitos tiernos sobre «royal» de jamón y setas de primavera

Un producto de temporada: no eran guisantes lágrima, pero sí que eran pequeñines. Plato tradicional, ligeramente revisado. Ese año a pesar del éxito (primera estrella Michelin) o quizá precisamente por él, soy consciente de padecer un cierto estancamiento creativo.

2005 «Tartar» de tomate con cigala y ajoblanco [VER RECETA]

Desbordados por la ilusión, creímos que lo mejor era revisar los platos más consagrados y tratar de mejorarlos. Comenzó un cierto distanciamiento de la tradición que había marcado nuestro estilo hasta entonces. Con el tiempo se ha convertido en otra de mis elaboraciones fetiches. La idea era hacer un *steak tartar* vegetal, utilizando la carne del tomate y aliñándola como un *steak*. El ajoblanco y la cigala le vienen muy bien.

2006 Trufa de invierno con huevo, berza y caldo untuoso de panceta

El huevo a baja temperatura, con la trufa, la berza y caldo de panceta resultaba sublime, de una potencia gustativa bestial.

2007 Polvo helado de hierba fresca con queso de Munilla y espuma de leche [VER RECETA]

Mi primer plato, el primer plato que marcó la línea de lo que ahora hago. Un intento de cocinar una pradera de alta montaña. Otros cocineros ya habían cocinado su *Bosque animado* o su *Fondo marino*, era el momento de que yo cocinara las praderas de alta montaña de Ezcaray. Un ejercicio de abstracción.

2008 Mediterráneo, «concassé» de pepino, yogur, manzana, pan, aceite picual y polvo de almendra fresca

Un gran plato, aún lo sigo haciendo porque me lo piden, es riquísimo. Pero está muy lejos de la tradición local. Quizás era necesario el viaje, la búsqueda de lo que quería ser y hacer y de lo que vendría después.

2009 Espárragos cocinados al vacío durante 6 horas a 65 °C con láminas y mayonesa de perrechicos

No buscábamos ya una cocina efectista y espectacular, sino llegar a la esencia del producto. De alguna manera, volver a una cocina de producto. Tratábamos, ahora sí, de sacar la verdadera alma de los productos. Para ello nos cuestionábamos las tradicionales cocciones, sopesábamos qué aportaban de verdad. Por puro empirismo, comenzábamos a jugar hasta arrancar la verdadera esencia que los productos llevaban dentro.

2010 Bajo un manto de hojas secas

Un salteado de setas de temporada, una esfera de sopa de castañas y trufa. Y un mantillo de hojas secas hecho a base de remolacha, berza, calabaza, brócoli, pétalos de rosa y hojas de lollo rosso, cocinados de forma tradicional y luego deshidratados. La representación de un garbeo por un hayedo de Ezcaray. Abandonamos la carta y solo servimos dos menús degustación. Fue un gran paso: si queríamos crecer, no podíamos permitirnos que el cliente eligiera de forma inconexa.

2011 Nueces tiernas repeladas a modo de «risotto», con helado de queso y juliana de melocotón.

Un plato muy conceptual, que utiliza un método habitual en elaboraciones saladas. En este caso, para un dulce. También un plato de producto, y también de tradición, pues usábamos nueces de Pedroso, un pueblecito riojano. Me siento a gusto cocinando esas cosas. Abrimos Tondeluna, el proyecto de Luisa y mío, y recogimos una estrella en Marqués de Riscal.

2012 Láminas de bacalao, con un ligero gusto a parrilla, siemprevivas, sesos de cordero y carbón

Producto, técnica, tradición y sabor. Este plato gustó muchísimo y supuso la recuperación de la casquería, que aún no sabíamos que aparecería más tarde. El año de mi vida, muchos premios, entre ellos, el Nacional de Gastronomía. No puedo sentirme más feliz ni más reconocido.

2013 El pez de río que soñaba con el mar

Se trata de un plato a base de truchas de 1,5 kilos criadas en cautividad, pero alimentadas de manera natural, de ahí que carezcan del típico color asalmonado de las truchas de piscifactoría. La idea de utilizar lo más cercano e inmediato nos obligaba a trabajar con un pescado defenestrado. El título obedece a su manera de elaborarlo ya que se marina con algas y sufre antes una curación en sal para presentar la trucha cruda, a modo de ceviche.
Decidimos cerrar El Portal enero y febrero para dedicarnos a la creatividad. Nació un menú con una temática coherente, con un hilo conductor. El tema elegido fue un paseo por Ezcaray, un menú inspirado en las sensaciones que nos producían los diez kilómetros de naturaleza que nos rodea y todo lo que el territorio y sus gentes nos sugieren. Michelin, diez años después de recibir la primera estrella, nos concede la segunda para El Portal.

2014 Sesos lacados emulando a un fuagrás a partir de unos sesos de cordero

Todas las ideas surgen después de hacerse preguntas. En este caso, la pregunta fue: ¿podría un seso de cordero parecerse a un fuagrás? Nada tienen que ver, desde luego, pero el juego es divertido. El resultado es un seso lacado sobre un *toffee* de ave, acompañado por el ácido que le aporta la cebolla roja salteada con vinagre de vino y la leve fragancia de la lima.

Merluza a la romana confitada a 45 °C sobre pimientos asados y sopa de arroz

Ingredientes y elaboración
Para 10 personas

Para la merluza

1.800 g de merluza
(cola limpia sin cogote)
2 huevos frescos
100 g de harina blanca de trigo
120 g de pimiento verde italiano
o cristal
2 g de sal fina
Aceite

Freír los pimientos en una sartén. Primero, a fuego lento. Luego, a fuego fuerte. Se dejan enfriar tapados. Se pelan y se trocean en porciones.

Cortar la merluza en porciones de 100 gramos por ración. Envolver la falda sobre el lomo. Cortar o pulir las partes sobrantes, sazonar y pasar por harina, sal y huevo.

Freír primero a fuego fuerte unos segundos para que se dore por fuera. Luego la sumergimos unos 5-6 minutos en el aceite a 45º o 50º.

Para la sopa de arroz

200 g de arroz
500 g de cebolla
100 ml de aceite de oliva
500 ml de caldo de cocido
1 diente de ajo
100 g de zanahorias

Rehogamos la cebolla con el diente de ajo y la zanahoria sin que lleguen a dorarse. Añadimos el arroz y lo salteamos un poco para que suelte el almidón. Mezclamos el caldo de ave, dejamos cocer 25 minutos, rectificamos de sal y pasamos por la Thermomix y por el colador fino.

Presentación

En el fondo del plato, los pimientos. Encima, la merluza con un poco de sal Maldon. El camarero acabará sirviendo un poco de crema de arroz con una jarrita.

«Tartar» de tomate con cigala y ajoblanco

Ingredientes y elaboración
Para 6 personas

Para el *tartar*

100 g de tomate en dados
25 g de dátiles picados en *brunoise*
15 cl de aceite de oliva virgen
200 g de cebolla en juliana
muy tostada
½ manojo de cebollino picado
15 ml de salsa Perrins
Sal fina al gusto

Mezclamos todos los ingredientes del *tartar*, y lo dejamos reposar y enfriar 2 horas.

Para las cigalas

6 cigalas peladas y sin tripa
6 hojas de acelga roja

Para la reducción de vinagre

1 l de vino tinto
¼ l de vinagre de vino blanco
50 cl de jerez Tío Pepe
100 g de azúcar

Ponemos a cocer todos los ingredientes para que reduzcan hasta alcanzar el punto deseado. Lo reservamos en un biberón.

Para el ajoblanco

300 g de almendra entera
¾ de l de agua
600 g de aceite de girasol
2 dientes de ajo sin germen
3 rebanadas de pan frito
Vinagre de Jerez
1 dl de aceite de oliva virgen
2 g de sal

Trituramos todos los ingredientes en la Thermomix, y los colamos por la estameña.

Presentación

Colocamos una *quenelle* de *tartar* en el centro de un plato sopero o bandeja. Sobre el *tartar*, la cigala con sal Maldon y cebollino picado, una raya de reducción y la hojita de acelga roja.

El camarero servirá el ajoblanco al final, en la mesa.

Polvo helado de hierba fresca con queso de Munilla y espuma de leche

Ingredientes y elaboración
Para 10 personas

Para el polvo helado de hierba

150 g de hojas verdes de acelga
150 g de lechuga
100 g de cebollino
40 g de albahaca
40 g de perifollo
10 g de eneldo

Limpiar y lavar bien todas las hojas y hierbas que se van a utilizar. Licuar y volver a colar el caldo resultante.

Añadir el resto de ingredientes, menos el estabilizador. y mezclar. Agregar después la goma xantana y batir con el túrmix.

5 g de estragón
200 ml de agua
100 ml de aceite de oliva virgen extra
20 ml de aceite de sésamo
c.s. de sal
0,5 g de goma xantana

Congelar a −20 ºC durante 24 horas.

Para la leche ahumada

200 ml de leche de oveja
10 g de lecitina de soja
50 g de unto ahumado gallego

Hervir la leche junto con el unto gallego. Infusionar unos minutos, y después triturar y colar.

Cuando la leche esté templada, y para acabar la preparación, añadir la lecitina de soja y triturar. Por efecto de la lecitina, la leche quedará aireada.

Para las lechecillas fritas

100 g de lechecillas de cordero
c.s. de huevo batido
c.s. de pan rallado
c.s. de perejil
c.s. de ajo
c.s. de aceite de oliva virgen extra

Lavar y limpiar bien las lechecillas. Sazonarlas y pasarlas por huevo mezclado con ajo y perejil picados. Rebozar con el pan rallado.

Freír en aceite.

Para el queso

100 g de queso de Munilla
c.s. de sal

Presentación

En el momento del servicio, turbinar el polvo helado en la Pacojet. Al carecer la mezcla de excesiva grasa, su textura quedará como la de un polvo frío.

Cortar el queso en dados perfectos, que se dispondrán en el fondo del plato, y la lechecilla, al lado. Cubrir esta última con el aire de leche y disponer junto a ella el polvo helado de hierba.

«Soy lo que soy
más lo que puedo llegar a ser.»

PACO
PÉREZ

150.000 kilómetros

Paco Pérez señorea el mar y el norte desde la playa del restaurante Miramar, en Llançà (Girona). Representa el cocinero currante entregado con fe a la vanguardia. Para sostener su sueño tiene que moverse, recorrer 150.000 kilómetros anuales. Asesorar para sobrevivir.

PACO PÉREZ

1.751 km, Berlín

Es la distancia entre el paseo marítimo de Llançà (Girona), donde está domiciliado el restaurante Miramar y su hotel con una estrella, y la calle Drakestrasse de Berlín, donde señorea el restaurante 5 by Paco Pérez y su hotel de cinco estrellas gran lujo Das Stue.

Del mar doméstico y el vecindario escaso al bosque urbano de Tiergarten, rodeado por una masa humana de tres millones de habitantes. De la vida ascética del Cap de Creus al tumulto eléctrico de Berlín.

El recorrido habla del periplo vital de Paco Pérez Sánchez (1962), de alguien que ha conocido la cama de tablas y la cama con colchón viscoelástico. Y a pesar de que asesora restaurantes en hoteles de lujo y que por sus manos pasa el blanco y el negro, el tartufo y el caviar, se sigue considerando un obrero de la cocina. Y lo es. Currante hasta exprimir la última gota de talento, un flaco al que le resulta imposible añadir un gramo más a la figura porque el torbellino lo quema.

Paco no sabe hacer otra cosa. Paco no quiere hacer otra cosa. Está comprometido con la vanguardia y con el Miramar y todo ese vaivén de trolleys, de *cocina trolley*, AP-7 arriba y abajo, y la vida amorosa y familiar tendida en el hilo telefónico es para garantizar la estabilidad económica del establecimiento: «Son cuarenta personas a las que pagar un sueldo.» La vanguardia tiene un precio. Y no es el que abonan los clientes.

Este viaje a Berlín el 12 de noviembre de 2013 es distinto de los otros, de ese desplazamiento que lo lleva a Alemania cada mes: la semana anterior el restaurante 5 by Paco Pérez fue agraciado —y no es la lotería— con una estrella Michelin, la quinta de Paco, locución que parece que dé nombre a un grupo de amigotes. La quinta de Paco. Y no. Son cinco estrellas, *cinc, fünf*: Dos por Miramar, la casa familiar; dos por Enoteca, en el rascacielos del Hotel Arts en Barcelona, y una por 5. Cinco, pues: nombre premonitorio.

En Berlín hace tanto frío que hasta los osos polares del zoo llevan abrigos buenos. Das Stue es un edificio contundente con un interior delicado, cuyo vecindario son los animales del parque zoológico y la Embajada de España.

En las paredes cuelgan obras maestras de la fotografía. Frente a los ascensores, Marilyn Monroe de espaldas. Los hombros al descubierto, el vestido ciñéndole los omoplatos, asegurando el cuerpo.

En un equipo multinacional, la lengua es el inglés y Andreas, el pastelero, es el encargado de la traducción. Paco los felicita, les da las gracias, los reta a prosperar. Si tienes una, quieres dos. Si tienes dos, quieres tres. Es la lógica, el modo de vida que han elegido, en el que es vital el impulso de las guías y de los cronistas solventes más que la maraña de las redes sociales. Cuando alguien decide gastar 100 o 200 euros (dinero que no sale de los bolsillos pudientes, sino de los creyentes en la fe gastronómica, que ahorran), difícilmente se deja intimidar por el matonismo y la histeria y prefiere la reflexión y la credibilidad del emisor.

«Me gusta crear familia», concluirá Paco minutos más tarde, picando algo en The Casual, la sala polivalente donde se amanece con el desayuno —y ese cruasán integral— y se come y se merienda y se cena un repertorio de platillos de #kocinaurbana, popurrí internacional en el que las anchoas Nardín con pimiento texturizado conviven con una fritura perfecta de pescados y mariscos, unos fideos en homenaje al restaurante barcelonés Shunka, huevos en *cocotte* con panceta y fuagrás y el *brioche* al vapor con cerdo ibérico. Los religiosos lo llamarían sincretismo.

Paco es silencioso: compensa la introversión con una sonrisa de pillo. Le incomoda hablar de sí mismo. Un tímido que intenta salir de la cáscara y del laberinto del *nautilus*.

A pesar de los aplausos, de las invitaciones aquí y allá, de los flases fríos y las palmaditas calientes, de los empresarios que lo buscan para asociarse, vuelve a la memoria una imagen cruda, sepia, aterida: él y Montse Serra, su mujer, su socia, en la puerta del Miramar aguardando la llegada de algún cliente.

Solos.

Gaviotas como borrachas en el cielo al capricho del viento.

En los inviernos atramuntanados de Llançà, el viento es un muro. Hace mucho de eso, aunque siempre lo tiene presente como recordatorio de quién es, de dónde viene. «Montse es la persona más importante. Ella es el espíritu del Miramar. Yo solo soy una foto.» Montse huye de las fotos.

Km 0. Llançà

Paco llegó a Miramar, el km 0 de la familia, con unas botas de fútbol. Era amigo de campo de Quico Serra, hermano de Montse. Necesitaban que Paco, ya cocinero, les echara una mano con las comidas.

«La vi en pijama, en la puerta, y me enamoré.»

El cocinero pensará que, hasta hoy, ha hecho bien en seguir la regla del silencio, pero comprenderá la pertinencia de publicar ese recuerdo entregado y dulce. El hijo de la pareja, Guillem, Guille, juega al fútbol y a las palabras con los estudios de Periodismo en Barcelona. Ese fútbol que Paco añora, apartado del barro por las tribulaciones profesionales. La hija, Zaira, prefiere las palabras, las del teatro que aprende en Londres. Coches, aviones, maletas, kilómetros, la familia Pérez Serra, experta en hacer y deshacer equipajes.

El km 0 de Miramar es el año 1939, cuando los abuelos de Montse, Alfonso Serra y Julia Cisneros, se quedaron en Llançà camino de la frontera huyendo de la Barcelona ocupada y los saludos romanos.

«El edificio en el que está el Hotel Das Stue es de 1939. ¡Qué coincidencia! Eso me interesó, el mismo año en lugares tan alejados.» La modestia del Miramar y el empaque de la construcción berlinesa, ideada para acoger la Embajada de Dinamarca y que Hitler secuestró para fines poco diplomáticos.

Los comienzos de Miramar fueron menos traumáticos, aunque igual de épicos. La heroicidad de los pobres. «En verano, la abuela Julia alquilaba su habitación y se iba a dormir a la playa.» Los sueños hoteleros se construyen sobre la arena.

Aquella mujer, que había cocinado en el frente del Ebro, tenía mano para el sargo con *vi ranci*, las costillitas de cabrito rebozadas y las habas a la catalana. Como homenaje a los pioneros, cuando las fondas eran territorio de subsistencia, sería justa una reinterpretación de los platillos, dibujados en la arena desde hace setenta y cinco años.

De origen onubense, Paco tiene el ADN ampurdanés. «Somos seis hermanos, tres chicos y tres chicas. Mi padre, Francisco, formaba parte de la brigada del ayuntamiento y mi madre, Carmen, era ama de casa.» Ropavieja, gazpacho, sardinas con picadillo: es el humo de su memoria.

No sabe por qué comenzó a cocinar, tendría once o doce años. «Lo hacía por las tardes. No me acuerdo de ciertas cosas importantes, pero sí de esto. Hice una pizza y, como no tenía horno, la puse al sol para que se cocinase. La corté en trozos. Daba ganas de vomitar. Era malísima.» Si aceptamos la fecha y nos situamos en 1972, una pizza era una comida exótica. O no lo era en Llançà, donde el turismo dictaba cartas con ambición internacional.

Aceleremos para contar la forja, o el rustido, de un cocinero.

Camarero en el bar Sport de Llançà (calamares a la romana), pinche de dos tíos que guisaban en el Hotel Beri (pollo a la jardinera y fricandó), empleado de Can Manel (bullabesa, «servíamos más de doscientos cincuenta platos de esa especialidad»), emprendedor antes de los emprendedores asociado con dos colegas en La Dorada de Roses (lenguado a la almendra), chef de un coronel durante el servicio militar y aprendiz en Francia con Michel Guérard, padre o padrino o padrísimo de la *nouvelle cuisine*.

La visión de aquella chica en pijama lo llevó a enrolarse en el Miramar. El chiringuito con sillas de plástico fue tomando hechuras y asiento de gran restaurante, apuntalado con los tallarines de calamar y judías verdes, fuagrás-coco-manzana o el lenguado cítrico, espejismos de finales de los años ochenta.

Nombra como plato de cambio, aperturista, las almejas con *gelée* de su agua, lima, soja y jengibre, de 1994: «Ahí vimos nuestro camino.» Aquellas clases entre 1993 y 1998 en el vecino El Bulli fueron el disparador: «Con una noche ya tenías suficiente, ¡madre de Dios!» Un bote de sidral en la mente.

Veinte años después, enfilando su propio camino por sendas y olas sin renunciar al patrimonio bulliniano, Paco y Montse están a punto de recoger las velas de la temporada 2013. Son los últimos días de diciembre y la playa se funde con el mar sin personas que alteren el paisaje.

La tramuntana descansa y esa mañana de sábado el cielo es de cristal tallado.

La comida, treinta y cinco bocados, ha sido un ejercicio de vanguardia potentísima y una ventana, un ventanal amplio, panorámico, que mira hacia mañana. Una mariposa daliniana, que el chef lleva cosida en la chaquetilla, ha volado sobre las cabezas de los comensales. En un cuadro, el pintor de Cadaqués sustituyó el velamen de un galeón por esas alas translúcidas.

En *El mar* expone una treintena de piezas, que el comensal toma sin prisa, con un gesto consciente ayudado por una pinza. Elige en qué aguas y en qué orden quiere zambullirse, navaja, gamba, percebe, algas, aquella almeja *gelée* que lo orientó.

En 2013 tuvo pequeñas obras maestras, con la oreja puesta en el tiempo y su espíritu: el nigiri con espuma de agua de mar, la cococha con pilpil de tuétano, las angulas con trompetas de la muerte, el ragú de holoturia, el pulpo Seúl, el ravioli de *ou de reig (Amanita caesaera)* o el pastel nevado By Tarantino, desangramiento en dulce. Los *petit fours* salen de una máquina daliniana diseñada por el artista Kel Domènech.

No hay surrealismo en Miramar, pero sí transgresión tranquila. Habla Paco de mariposas y metamorfosis, de cambio. Nunca fue oruga, pero también muta: «El menú degustación de 2014 es sobre el entorno y sus consecuencias.» Entorno y (con) secuencias: la gastronomía también es política, y nosotros, depredadores.

«Cuatro momentos: el mar, la huerta, el bosque y el mundo dulce. De cada uno de esos momentos salen ramificaciones.» En 2014 viaja por el mundo y sus corrientes con Llançà como puerto de salida y arribada: *cronut* de frutos secos, corte de ajoblanco, la pizza Regina (sobre una plancha que congela), espárragos bearnesa, anguila-angula, langostino Bangkok, Pura Gamba, Hot Dolç, Kriptonita. Cada Superman tiene su flaqueza: el humor como ingrediente, y antídoto.

Enumera técnicas propias o evolucionadas, piedras y boyas: «Avances en la liofilización, el uso de vapor frío para aromatizar, la extracción de la piel de las setas para jugos, las proteínas de los mariscos, nuevos desarrollos de los crujientes...»

«Cuando un cliente dice: "Ha sido la mejor experiencia de mi vida", lo besaría, lo llevaría a cenar, lo sacaría de paseo. ¡Le daría el alma!», celebra.

Quiere conmemorar los setenta y cinco años del Miramar con un libro de recetas, que sea también cometa en la tramuntana.

Algo sólido y ligero a la vez.

Algo que vuele.

Algo que pese.

Llançà-Barcelona-Berlín. 150.000 km

Del chiringuito al palacio. La historia, que viene y va, regresa a Berlín y a noviembre. Paco ha calentado a la muchachada de la cocina y de la sala: «Gracias por este año. Los importantes sois vosotros. Hemos creado un grupo humano fantástico. Es un placer venir a cocinar. Aunque la verdad es que cocino poco.» Las risas y los ojos húmedos. Cuando habla, Paco se mira los pies. Otras veces, se arrebata. Cree en lo suyo, defiende lo suyo.

Devoto en la vanguardia, le irrita que se desprecien el riesgo, la investigación, la creatividad con esos mohínes y aspavientos y risitas de los gourmets rancios. Entonces se enardece y alza la voz. Es que a veces, dice, estamos solos. Estamos solos. Estar delante es estar un poco solo. Durante tiempo ha sido invisible en lo mediático: «Hemos pasado desapercibidos.» Cada vez menos, aunque ese norte marinero se aleja de las grandes rutas por las que corren las manadas con *gourmands* y críticos con buen pelaje.

Hace cuatro años compró un coche, un Golf: el cuentakilómetros huele a alquitrán. 400.000 kilómetros entre Llançà y Barcelona para atender la Enoteca del Hotel Arts, pero también otros comedores que asesora.

La hamburguesería La Royale y el cuarto secreto, Black. L'Eggs, donde ha reinventado el huevo, y Doble, en el sótano, con una dosis de *show*, picardía y tapeo del mundo. La docena de viajes a Alemania, más nuevos compromisos en busca de aire y financiación. Mallorca y otro hotel serán el próximo destino de la *cocina trolley*.

Sobrepasa los 150.000 al año para cumplir con su faena de obrero de la alta cocina, a su manera, metalúrgico de lo exquisito.

A diario, cada responsable de restaurante manda al *smartphone* de Paco un informe con las incidencias, que lee y contesta con minuciosidad de contable: «Todos los días, problemas en todos los espacios. Esta es una semana dura. Pero hago lo que me gusta.» La abuela Julia decía: «"Quien tiene el culo alquilado, no se sienta cuando quiere." Yo lo tengo hipotecado, ja, ja, ja.»

Este año, como el pasado, como el anterior, sus vacaciones han sido tres días en una isla canaria, una brevísima tregua en el invierno.

Piensa en cómo le gustaría volver a jugar al fútbol —«¡el mejor interior izquierda del mundo!», bromea— y sentirse sutil y liviano como una de las mariposas de Dalí.

Algo sólido y ligero a la vez.

Cerveza, salchicha y carne rebozada

Cuando viaja a Berlín, Paco Pérez no dispone de tiempo para el turisteo, aunque en este viaje ha reunido algunas direcciones para satisfacer a los acompañantes.

Comida callejera y también sentada, raciones populares y gigantescas de *schnitzel,* sábana de ternera rebozada, especialidad austriaca como la que despliega el restaurante Austria (Bergmannstraße, 30). «El mejor *schnitzel* de Berlín», le habían dicho. Es difícil imaginar cómo serán los demás. A esa cena se apunta otro «berlinés», cocinero de ida y vuelta, Albert Raurich, que desdobla el Dos Palillos, el pequeño gran asiático barcelonés, con una sede en el Hotel Camper de Berlín. Risas y confidencias y sinsabores de dos trotamundos.

Para cerveza: Café am Neuen See (Lichtensteinallee, 2). Una jarra a la sombra de los árboles del parque Tiergarten junto a un lago y al zoo. En invierno, la estufa de leña es una buena amiga.

Para *currywurst*: Curry 36 (Mehringdamm, 36). La salchicha al curry es un emblema de la metrópoli. ¿Origen? Hambre, posguerra y excedentes. Buenabuena.

Para *dürüm*: Mustafa's (Mehringdamm, 32). Quiosco junto a Curry 36. Colas, colas, colas. Un *doner* chorreante y baratísimo de medio kilo. Para algunos, ¡uno de los mejores *dürüm* de Europa! No es verdad.

Para pasteles: Café Einstein (Kurfürstenstraße, 58). Crema en el café y en la repostería en un ambiente de butacas y periódicos sábana.

Para alta cocina creativa: 5 by Paco Pérez en el Hotel Das Stue. Cena con veintidós degustaciones. Magia con el *dunkin* de fuagrás, el *dim sum* de calamar, El Bosque, el pato a la sangre y la *stracciatella* (¿la mejor del mundo?).

LOS PLATOS VERTEBRALES

1992   Vieira, parmentier de jamón ibérico y pedro ximénez

Primer plato de juego de texturas y puesta en escena delicada, de corte francés.

1993   Fuagrás, chocolate, manzana y caramelo

Combinación que gustó mucho. Un juego con el chocolate y el hígado, manzanas y caramelo y costra de sal.

1994   Almejas con «gelée» de su agua, lima y jengibre

Plato que marcó un antes y un después en el Miramar.

1995   «Sashimi» de «espardenyes»

Elaboración transgresora, utilizando las *espardenyes* peladas y crudas.

1996   «Tartar» de ostras y caviar con manzana

Combinación de sabor y texturas muy interesante.

1997   Bikini

Hicimos un helado con las gelatinas y proteínas de la cocción al vacío del jamón de York, jugamos con el queso y los metimos en un corneto.

1998   Transparencias de gazpacho

Plato de juego visual y sorpresa en boca, transparencias en un mismo plato con todos los sabores del gazpacho.

1999   Ensaladilla rusa [VER RECETA]

Una versión diferente. Los productos, licuados; moldeados y cortados, con el sabor de una clásica ensaladilla. En 2004 hicimos otra versión con agar. Así, le dimos temperatura.

2000   Atún, erizos y trufa

Un mar y montaña que podía ser japonés, pero es muy ampurdanés.

2001   Melón, su piel y almendras tiernas

Primera utilización de un residuo de un producto como es la piel del melón.

2002   Pilpil de «espardenyes»

Sacar el máximo rendimiento al sabor de la piel de la *espardenya*. Un jugo tremendo.

2003   «Ou de reig» sobre su jugo

El bosque en un jugo.

2004   Calabacín con 5

Cinco elaboraciones de un producto sencillo: semillas, pulpa, piel... Aprendimos a conocer mejor el calabacín, sacándole el máximo rendimiento a cada parte.

2005 Sopa minestrone

Versión conceptual de una sopa clásica llevada a la sutilidad.

2006 Guisantes a la catalana

Cómo trasladar la sencillez de un plato tan popular a la vanguardia. Y saber que, por sabores, aromas y texturas, estás comiendo unos guisantes a la catalana.

2007 «Dim sum» de cigala y «peu de vedella»

Utilizar las proteínas de la cigala.

2008 Ensalada César

Una ensalada de un bocado.

2009 Tarta merengue limón

Nuevo formato de tartas heladas. Ejercicio al pase sobre la Anti-Griddle (plancha que congela).

2010 «Dolce» pesto

Reinterpretar una elaboración emblemática de manera muy transgresora.

2011 Fósil de gamba

Interpretación de un fósil, una manera de plasmar cosas únicas.

2012 El mar

En un solo plato treinta elaboraciones de mar.

2013 By Tarantino [VER RECETA]

Postre que refleja un momento excitante. Sangre dulce.

2014 Buscando gurumelos [VER RECETA]

Plasma un momento de soledad y la búsqueda de un preciado producto.

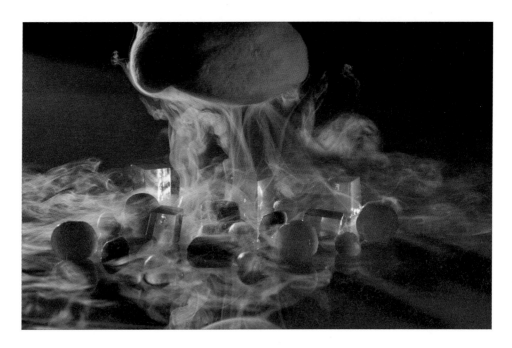

Ensaladilla rusa

Ingredientes y elaboración
Para 3 personas

Para la gelatina de patata

0,15 g de agua de cocción
de patata
1,6 g de textura agar
2 g de gelatina *(cola de pescado)*

Mezclamos el agua de patata con el agar y llevamos a ebullición. Retiramos del fuego e incorporamos la gelatina en colas. Moldeamos y cortamos.

Para la gelatina de zanahoria

0,15 l de zanahoria licuada
1,8 g de textura agar
2 g de gelatina *(cola de pescado)*

Mezclamos el licuado de zanahoria con el agar y llevamos a ebullición. Retiramos del fuego e incorporamos la gelatina en colas. Moldeamos y cortamos.

Para la gelatina de judías

0,15 l de licuado de judías
1,6 g de textura agar
1 g de gelatina (cola de pescado)

Mezclamos el licuado de judías con el agar y llevamos a ebullición. Retiramos del fuego e incorporamos la gelatina en colas. Moldeamos y cortamos.

Para la gelatina de guisantes

0,15 l de licuado de guisantes
2 g de textura agar
2 g de gelatina (cola de pescado)

Mezclamos el licuado de guisantes con el agar y llevamos a ebullición. Retiramos del fuego e incorporamos la gelatina en colas. Moldeamos y cortamos.

Para la espuma de mayonesa caliente

0,025 l de aceite de atún de lata
0,18 l de huevo entero pasteurizado
0,015 l de vinagre de vino blanco
0,007 kg de sal fina
0,01 kg de emulsionante en pasta

Mezclamos todo y ponemos en un sifón con dos cargas de gas.

Para la arena de aceitunas

0,15 l de clara de huevo pasteurizada
0,15 kg de aceitunas de Kalamata deshidratadas
0,15 kg de azúcar glas
0,15 kg de azúcar blanco
0,1 kg de almendra molida en polvo

Montar el azúcar y las claras, añadir el azúcar glas y polvo de almendra tamizado. Por último, la aceituna. Meterlo en el horno a 150º durante 20 minutos. Dejar secar 2 horas a 100 ºC.

Presentación

La gelatina de patata la cortaremos en dados; la de zanahoria, en rodajas. Con la de judías haremos vainas longitudinales de 2 centímetros. A la de guisante le daremos forma redonda con un pequeño boleador.

Sobre un plato, poner todos los ingredientes licuados, dando forma y volumen. Dar un matiz de polvo de aceitunas. En el centro, la espuma de mayonesa de atún.

By Tarantino

Ingredientes y elaboración
Para 25 personas

Para las cúpulas

0,4 l de agua mineral
0,2 kg de chocolate blanco
4 g de gelatina *(cola de pescado)*
2 g de textura agar
50 g de textura Yopol

Hervimos el agua con el agar. Una vez hervida, retiramos e incorporamos el chocolate, la gelatina y el Yopol. Si fuera necesario, incorporaríamos mejor con túrmix.

Cuajamos en Gastronorm. Una vez cuajado, trituramos con la Thermomix.

Una vez tenemos la emulsión, cubrimos las paredes del molde, congelamos y desmoldamos.

Para la brisa

0,24 kg de harina común
0,125 kg de mantequilla
2 huevos
0,06 kg de coco thai
0,02 kg de azúcar blanco
Sal fina

Hacemos un volcán con la harina, la sal, el azúcar y el coco thai. Añadimos la mantequilla en pomada; seguidamente, los huevos. No trabajaremos mucho la masa.

Cocinar en el horno a 170º durante 30 minutos. Que no quede muy dorada.

Para la nata montada

0,45 l de nata líquida
0,04 kg de azúcar blanco
Una punta de estabilizante
helado

Montamos la nata bien fría con el azúcar y una punta de estabilizante.

Para la crema de coco

0,08 l de claras de huevo
pasteurizadas
0,25 l de nata líquida
0,03 kg de azúcar blanco
0,12 kg de coco thai
0,3 g de textura xantana

Se pone la nata, la clara, el azúcar y el coco thai. Lo mezclamos todo con la ayuda de un túrmix. Una vez bien mezclado, añadiremos la xantana.

Para los esféricos de fresa

1 kg de fresón congelado
(1,5 g de gluco × 100 g)
0,5 l de agua mineral
(30 g de TPT × 100 g)

Envasamos al vacío y cocinamos en el Roner a 70º durante 30 minutos. Colamos y ponemos en la destiladora a 50º hasta alcanzar la textura deseada (de 6 a 9 horas aproximadamente).

Para el merengue de leche

0,4 l de leche semidesnatada
0,2 l de TPT
0,02 g de albúmina
5 g de textura xantana

Mezclamos la leche y el TPT y añadimos la albúmina y la xantana. Montamos en la Kitchen hasta obtener la textura densa de un merengue. A continuación, escudillamos y secamos 14 horas a 55°.

Una vez deshidratado, montamos con el diámetro de un capuchón.

Para acabar

Yogur lyo

Presentación

Sobre la Anti-Griddle ponemos una cúpula al revés, abierta; en el fondo, un poco de crema de coco; sobre la crema, el esférico de fresa. Seguidamente, la nata montada. Incorporar unos trocitos de pasta brisa. Al final, cerramos con el falso merengue.

Le daremos la vuelta y disponemos sobre el plato. Con una manga con boquilla rizada ponemos pequeños puntos alrededor de la tarta, un golpe de malto y a *matar* la tarta nevada. Espolvoreamos el yogur lyo.

Buscando gurumelos

Ingredientes y elaboración
Para 10 personas

Para el esférico de gurumelo

0,4 kg de agua de champiñones
0,6 g de textura de xantana
0,1 l de nata líquida
4,4 g de textura Gluco
Aceite de girasol

Mezclamos el agua de champiñones con la nata y trituramos junto con la xantana y el Gluco.

Quitamos el aire con la máquina de vacío y congelamos en moldes de semiesfera. Una vez congelados, los disponemos sobre un baño de alginato, con la parte plana hacia arriba. Transcurridos 4-5 minutos los sacamos del alginato, los enjuagamos y conservamos en aceite de girasol.

Para el jugo de setas

0,3 de cebolla tierna
2 kg de seta de cardo
3,5 l de agua mineral

Rustimos las setas de cardo e incorporamos la cebolla en *mirepoix*. Pochamos lentamente e incorporamos el agua mineral.

Reducimos a fuego muy lento hasta obtener 1,5 litros de jugo de setas. Colamos y reservamos.

Para la espuma lyo de trufa y setas

1,5 l de jugo de setas
(ver paso anterior)
0,2 l de jugo de trufa
0,6 g de textura xantana
0,2 l de nata líquida
4 g de gelatina *(cola de pescado)*
Colorante alimentario negro

Deshacemos las hojas de gelatina en la nata y mezclamos con el resto de ingredientes.

Trituramos todo con el túrmix y metemos en un sifón con dos cargas de gas. Dejamos reposar en la nevera durante 12 horas. Una vez reposado, verteremos la espuma en una bandeja y congelaremos rápidamente. Pondremos la espuma en la liofilizadora durante 48 horas.

Para el guiso de gurumelos

0,5 kg de gurumelos
0,2 l de jugo de carne
0,05 l de jugo de trufa
0,01 kg de ajo tierno
4 g de base de xantana

Pelamos y cortamos los gurumelos en *brunoise*.

En una olla catalana, doramos los ajos tiernos picados desde frío. Una vez dorados, incorporamos los gurumelos y los cocinamos levemente. Incorporamos el jugo de carne reducido y el jugo de trufa. Dejamos hervir durante 1 minuto y retiramos del fuego.

Por último, texturizamos con base xantana.

Para los matices

Flor de romero
Flor de cebollino
Hojas de orégano fresco
Flor de Tomillo

Presentación

Colocaremos el guisado de gurumelo en el centro del plato. Sobre él, un esférico de su jugo. Seguidamente, taparemos con el polvo/arena de lyo y, como toque final, los matices.

«Cuando un cliente dice:
"Ha sido la mejor experiencia de mi vida",
lo besaría, lo llevaría a cenar,
lo sacaría de paseo.
¡Le daría el alma!»

JOSEAN
ALIJA

El verde que sujeta

Josean Alija dirige un restaurante excepcional avecindado por el arte. En el Museo Guggenheim Bilbao exponen los mejores artistas y también este chef que ha hecho de lo vegetal otra forma de creación artística. Entre colecciones temporales, la atemporalidad de Nerua.

JOSEAN ALIJA

15 de agosto de 2000

Un árbol.

A Josean Alija (1978) le inspiran los vegetales, la clorofila estremecida, la preñez de los frutos, ese silbido sexual del viento en las hojas.

Un árbol.

La noche del 15 de agosto de 2000 había quedado con la pandilla para cenar, se desvió en busca de dinero y casi perdió la vida contra un árbol. La moto se descontroló, a él, que ama el control y la precisión, la belleza de la exactitud.

«Lo único que no me rompí fueron las piernas.» La cabeza, quebrada como una nuez. Los brazos, de barro cocido.

Estuvo más de quince días en coma. Un día un médico o un enfermero le tocó el ojo. «¡Me metió el dedo en el ojo!» Salió del duermevuela con un resorte: «Me-cagüen-tu-puta-madre.» No está mal para el renacimiento.

27 de mayo de 2011

Josean está emocionado. La risa de Josean es melancólica. Es una sonrisa que a veces deja suspendida, sin atreverse. Ríe muchas veces sin abrir la boca.

Debería existir una palabra concisa para la mezcla de euforia y miedo, prudencia y exaltación.

Su mujer lo echó de casa antes de amanecer porque no soportaba al insomne. Está en la oficina, en camiseta. Camiseta negra. Algunos chefs norteamericanos y franceses patronean con camisa a rayas, cuellos y puños duros, cuellos ajados de directivo.

Josean, y otros, ajustan la chaquetilla sin más, la piel limpia.

Dentro de tres horas abrirá Nerua.

La puerta de arce de Nerua.

Al fin, el restaurante del Museo Guggenheim Bilbao tiene nombre y lugar propio y señalado. Antes era *el restaurante del Guggenheim,* algo indeterminado, aunque lo que se servía era determinante.

Determinante como el fuagrás de pato asado con zanahorias escarchadas, la cebolla roja asada con caldo de lentejas verdinas y la caseína batida con helado de fresas y violetas.

Una década ha tardado el chef en conseguir su espacio. Al otro lado de la pared, las ondulaciones de hierro de Richard Serra. Y, en el extremo contrario, las ondulaciones de hierro de la ría, del Nervión.

Frank Gehry, el arquitecto del titanio, ha construido una escalera, ha alterado la fachada con una escalera. Bien. Los platos de Josean se lo merecen. Hay que facilitar que la gente llegue.

Diez años, en realidad trece, es mucho tiempo, así que hay que entender el repaso minucioso a las instalaciones, cómo se detiene ante cada horno que han fabricado según sus designios, los Roner para la cocina a baja temperatura con el termostato incrustado, la Gastrovac, la sala de I+D, el armario-bodega-pared-separador, el techo metálico que chupa el sonido como una esponja.

La sinuosidad de la mesa del pase, que comanda Adrián Leonelli. En un punto de ese oleaje, algunos clientes podrán comer. La mesa —el rincón— del chef.

Curvas, ángulos, el museo ha penetrado en Nerua.

La cocina, lugar escénico, hermoso. Al abrir la puerta de madera lo primero que encuentran los comensales es el lugar de trabajo. «Para el cliente es una oportunidad de ver lo que desconoce. Siempre hay demasiadas barreras y distancia. Acercamos a la gente lo que hacemos.»

Que asistan al silencio. Que asistan al diligente mover de las pinzas para montar un plato. Que asistan a la danza de pierna larga del *maître.*

Antes del servicio, del primer servicio, Josean habla al equipo y la voz tiembla como un suflé.

Diciembre de 1998

¿Por qué el chef Bixente Arrieta confió en un desconocido como jefe de cocina del Guggenheim? Bixente es un creador de equipos, un tenedor de personas, socio de Andoni Luis Aduriz, copropietario del grupo Ixo, que administra el establecimiento.

Bixente eligió a un inexperto de veinte años. Alguien al mando de un sitio valioso, de paso obligado para el visitante museizado, bien para tomar un café o un bocadillo, bien para un guiso con fundamento. Donde estuvo el restaurante han fundado el Bistró, que recupera la cuchara.

En 1998, Bixente se arriesgó y hoy asiste con gozo de padre, y cómplice, al vuelo del pupilo: «Cuando empecé a trabajar con él me llamó la atención que, para tener veinte años, era un currante y un profesional. Sabía que era un cabezón y una persona muy madura, íntegro, consecuente y con las ideas claras, muy perfeccionista, y era imposible desviarlo del camino o desanimarlo. ¡Un *heavy*! Desde el principio tenía una sensibilidad y una intuición increíbles para formular y maridar sabores, texturas y olores.»

Antes del museo, la historia gastronómica de Josean era corta. No hay historia después.

«Mal estudiante, mi familia decía que tenía que hacer algo. Íbamos a los restaurantes y aquello me parecía divertido, hechizante. Entraba en la cocina una gallina y salía un manjar. Decidí: "Quiero ser cocinero."»

Aprendió en Goizeko Kabi, aprendió en el Hotel Ercilla, aprendió en Martín Berasategui y aprendió en El Bulli. Fue en 1997, cuando las codornices ponían huevos dulces y las sepias servían como envoltura de raviolis. «Me enseñaron: "El límite eres tú mismo." Y disciplina, disciplina, disciplina.» Comprendió más en aquel máster en cala Montjoi: «Hay dos opciones: dirigir o que te dirijan.» Eligió la primera. Fue cuando conoció a Bixente.

Finales de noviembre de 2000

«Tras el accidente volví a nacer. Las cosas se ven de otra manera. Quieres disfrutar.»

En los meses hospitalarios estuvo zumbando. Era otro, roto, hundido, ofuscado, la carrera en cabestrillo.

Intentó escapar del hospital. Lo atribuye a la medicación y sus alucines.

«Perdí parcialmente el gusto y el olfato.» Castigo bíblico para un cocinero, las armas caídas. «Necesitaba algo para motivarme, para ser la persona que era.» Bixente le advirtió de que estaba débil. «Es que estaba muy débil.»

Ese algo fue participar en el Premio al Mejor Cocinero Joven en el congreso Lo Mejor de la Gastronomía. Las muletas con las que se sostuvo: cochinillo, almeja de cuchillo sobre chipirón y menta acuática; bacalao en corte de terrina con calabaza glaseada; fresas rotas, miel y azahar con té helado.

Era noviembre en San Sebastián y Michel Bras, el maestro francés, miraba, descalzo en el pretil, cómo el mar amenazaba el Kursaal.

Uno de los jurados que le votó recuerda, once años después, la pureza de los planteamientos de Josean y el venenoso pollo con ostras de otro concursante.

«En el año 2000 comenzó a cobrar forma mi cocina. Y fue en 2003 cuando di con la línea», concreta el chef. «Destilar la esencia, el sentimiento, sacar jugo de lo importante.»

Así, el choque con el árbol influyó en la conducta y el pensamiento culinario. «Sí. Me ayudó.»

Finales de noviembre de 2010

Exactamente una década después del triunfo —y del dolor, cómo le dolía el cuerpo—, el estilo de Josean es prístino, y desafiante. ¿Carne, pescado? Poco. Lo vegetal como destino.

«Desde mi punto de vista, la sostenibilidad es acción y compromiso, por eso apuesto por fomentar, mantener y potenciar una red de productores de la que abastecerme, impulsando la perdurabilidad de especies y productos muy específicos y generando un ámbito de relación que, además, permita que los propios productores perduren como tal.»

Lo sencillo (lo que se come) es complejo (de realizar). El inexperto no advierte las grandes dosis de tecnología. Tecnonatural. Tecnosilvestre.

Fondo.

Médula.

Alma.

El resumen es la yema de arroz guisada, vainas y tonga. El corazón, corazoncito, de la gramínea. Pulido lo superficial hasta alcanzar el núcleo.

O los tomates con fondo de alcaparras. Tomates inyectados con hierbas que rompen en el paladar como el Cantábrico en las rocas.

Mira en el interior.

Del producto.

Del comensal.

De ti.

27 de mayo de 2011

Desde el comedor de Nerua, la araña de la artista Louise Bourgeois, *Mamá*, se yergue sobre las patas.

Detrás, el Nervión metálico, o sea, Nerua. Juan Ignacio Vidarte, director general del museo, está satisfecho: creyó en Josean hace trece años, cree en Josean. Y Josean aparece, preocupado, la sonrisa torcida: «Va todo bien, ¿no?»

Y todo va muy bien. Las alcachofas al estragón, hebras de cerdo ibérico y pétalos crujientes lo demuestran. Es un plato que no parece nada y lo es todo.

Este restaurante podría estar construido sobre un error: intentar imitar el arte, hacer unas tejas a lo Serra, una ensalada Gehry, espárragos Bourgoise. Sería entonces la tienda de los recuerdos.

El arte de Josean tiene que ser invisible, sugerente. ¿Es necesario que el cliente sepa que la alcachofa ha sido confitada en el Roner durante tres horas a 83 °C con hojas de estragón y aceite de Kalamata y que ha frito los pétalos en la Gastrovac?

Es arte sin que el comisario tenga que dar el certificado. Como ya se escribió, lo simple es tremendamente complicado. La receta de esas alcachofas ocupa dos páginas de letra apretada.

Calificarlo de cocina *povera*, buscando un término artístico, es una equivocación: solo aprovechan trescientos gramos de dos kilos de habas. ¿Una cocina pobre que paga un alto precio por verduras a medida cultivadas por agricultores comprometidos? Zanahorias, cebollas, endibias, pimientos que no están disponibles en los supermercados. Ante la vulgaridad del caviar y su redondez salina, el estallido fresco de los tomatitos.

La sumiller, María José Vázquez, ha destapado un Jeroboam, tres litros de tinto Alión de 1997. Es el año en el que el museo abrió. Exactamente. Ama Josean el rigor, la belleza de la exactitud.

«Lo importante es la precisión y la rapidez.»

Y esa frase flota entre las patas de la araña, leve, sin gravedad.

Coda con clorofila

Este relato ocupa catorce años. Josean no ha vuelto a pilotar una moto. Lo siguen llamando el *Heavy*, ese apodo que arrastra desde la adolescencia y que desconcierta al que lo conoce poco, porque sus hechuras son más de teclista de grupo pop ochentero. Es ya un viejo *heavy* de meditadas locuras. A Josean lo que le interesa es la permanencia. Las modas no le atraen ni para vestirse. Es tan así que su mirada se posa sobre lo antiguo, sobre la naturaleza que el hombre cultiva desde hace seis mil años, y aún más, sobre lo salvaje, esas hierbas y flores que crecen al margen de la civilización.

Josean cree en lo vegetal porque es creer en lo que sujeta la Tierra. Escribe un pequeño texto, como una coda para dar fin al capítulo, sobre ese amor por la clorofila.

«Constantemente estamos buscando nuevos productos. En los vegetales hay un amplio abanico y todo un mundo para aplicar conceptos innovadores. Se trata de centrarse en ellos a la hora de desarrollar cada nueva técnica, en mantener un rigor extremo en la aplicación de la misma, en la precisión, en el tiempo, en la temperatura, etcétera.

»Ahí radica, precisamente, la clave: en la dedicación detallista y personalizada para cada vegetal. Porque los vegetales conforman esa parte austera y esencial de la cocina, en la que un bocado destapa un amplio abanico de sensaciones. Una explosión de contrastes.

»La del mundo vegetal es una apuesta decidida y consciente, en la que el esfuerzo es mucho, pero la recompensa es mayor. Es un terreno en el que sentirse cómodo, con la libertad de acción que otorgan la inspiración y la creatividad.

»Para poder trabajar con vegetales hay que implicarse en todo el proceso creativo, desde el cultivo del producto o productos hasta la monitorización de la reacción por su consumo. El éxito radica en la diferenciación y el efecto sorpresa, un factor que determina la acción. Que alguien sea capaz de emocionarse con un simple tomate indica que el valor de la sorpresa es irrenunciable en un discurso de exaltación vegetal.»

El Guggenheim es el caparazón de una tortuga radiactiva.
Entre tanto metal se abre camino el verde.

LOS PLATOS VERTEBRALES

2000   Bacalao en corte de terrina, calabaza glaseada y levadura

Comienzo a definir un estilo de cocina, marcado por la proteína, un producto exquisito no utilizado en la alta cocina en aquel tiempo. Este fue uno de los platos con el que gané el concurso de jóvenes chefs y que cambió mi historia. El año 2000 fue un año muy duro y terrible. Un accidente de moto me produjo la pérdida del sabor y del olfato.

Los inicios, la selección de productos que han marcado una cultura local, la oportunidad de hacer un camino sin influencias, buscando y descubriendo una identidad, una cocina distinta marcada por el sabor intenso. Una cocina de mercado que pierde importancia cuando el mercado se globaliza.

2001   Percebes asados en sartén, caldo de «txipiron», patata limón y trigueros

Potaje marinero que aplica técnicas poco convencionales a un producto como el percebe. Y el atrevimiento, o la honestidad, de ofrecer un producto limpio, para disfrutar de la textura y el sabor. También es el inicio de un camino nuevo, romper con los códigos tradicionales de las salsas, transformar diferentes productos, ya sean animales o vegetales, en un líquido sabroso, intenso y que, a su vez, sea el elemento principal del plato.

2002 Pan de maíz

El pan como un plato más. Un producto popular y rural, pan de maíz que hoy podemos encontrar en algunos restaurantes. Elaboramos esa receta con maíz *txakinarto* con el convencimiento de que el pan es un plato más dentro de la comida. A partir de 2002 empezamos a definir un estilo asociado a las raíces y el entorno, comenzamos a investigar. Por aquel entonces trabajábamos con una libreta, libros, ordenador en una esquina, fuera de horarios, con muy pocos recursos. ¡Era emocionante!

2003 Fuagrás asado, fideos de zanahoria escarchados y «makil goxo»

Es uno de los platos más codiciados por los gourmets. Cocinar el fuagrás entero y servido en una trancha gruesa ha creado un estilo y es algo que nos caracteriza. Para buscar la excelencia en el producto hay que ir al origen. Investigación, técnica, estandarización de procesos, investigar para conocer, comprender y evolucionar.

2004 Tallos de borraja crocantes, caldo de gramíneas y aloe vera

La borraja abre un camino hacia un mundo: los vegetales. Textura, sonido y sabor natural. Se emplea todo de este producto. Aquí tomo una decisión muy importante, una de las claves y características de mi cocina. Decido acercar el mundo natural a un restaurante urbano y cosmopolita. Esto me lleva a tener un referente en el mundo vegetal, pero, sobre todo, esencial. Apostar por los vegetales me enseña a desarrollar fórmulas y reglas, en un campo sin referentes, con gran variedad de productos y me obliga a trabajar, codo con codo, con las temporadas y la proximidad. Confecciono una identidad culinaria.

2005 Caseína batida de leche fresca, jugo helado de fresas y crocantes de violetas

Reflexión y equilibrio, una manera distinta de enfrentarme a los postres. Sabores de la infancia, ilusión por lo dulce, cultura del premio.

2006 Guisante lágrima a la parrilla, trazo de clorofila y matices picantes

Caviar vegetal, selección del producto, acuerdos para tejer una red de proveedores locales. Pureza y esencia. Extraer el máximo placer sensorial con el mínimo número de ingredientes. Apuesta por no perder las raíces del entorno.

2007 «Txipironcitos», cebolletas negras, caldo de arroz y lechuga de mar

Pesca de bajura que ayuda a mantener vivo un entorno costero. Sorpresa por la unión de lo conocido y lo desconocido. Técnica que nace de la reflexión: el confitado, que convierte el *txipiron* en una textura fundente. Introducción de nuevos productos marinos como la lechuga de mar.

2008 Pasta «casarecce» con pimiento de Anglet, romero y albahaca

Osadía. Introducir la pasta seca en la cocina vasca, el factor sorpresa, la interpretación de lo local y lo universal. Texturas, perfumes. La gelatina de bacalao como hilo conductor.

2009 Hebras de berenjena asada con «makil goxo» sobre un yogur de aceite de olivos milenarios

Sentido de la estética, extraer la nobleza de un producto que, en sí mismo, es bello y que marca un estilo vegetal y revolucionario.

2010 Cebolla roja confitada y caldo de lentejas verdinas

Tecnología, reflexión, sentido del humor, elevar algo cotidiano como un potaje a la excelencia. Unión entre la idea, la técnica. Importancia de los aromas y las sensaciones.

2011 Tomates en salsa, hierbas aromáticas y fondo de alcaparras [VER RECETA]

Convertir una salsa en un plato conceptual y novedoso, que socializa invitando al debate en la mesa a través de la sorpresa. Cada bocado es distinto. Pureza y esencia.

2012 Cebolla blanca, fondo de bacalao y pimiento verde [VER RECETA]

Raíces, tradición e innovación. El conocimiento de una cultura sobre la cual hago una interpretación de un plato humilde, que nace de la unión de los productos del momento —la necesidad— y que se viste con una tajada de bacalao los días de fiesta. Es la piperrada. Este concepto me permite evolucionar sin perder las raíces, sin perder la capacidad de sorprender y hacer importantes productos como la cebolla, ingrediente base en muchas elaboraciones tradicionales.

2013 Raspas de anchoa, fresas, hierbas ácidas y picantes

Disfrutamos con las sensaciones que nos dan los productos y de ciertas transformaciones que nos hacen reflexionar. Ubicamos un producto en un lugar al que nos hace viajar. No deja de ser el lujo de una nueva manera de comer y de plantear un lenguaje expresivo que nace del conocimiento, del rigor y de la confianza.

2014 Cigala, endibia, coco y jugo de espárrago [VER RECETA]

Hay ciertos productos que no necesitan presentación como, por ejemplo, la cigala porque es especial. La consumes puntualmente, te emociona de niño o la primera vez que la comes. Nadie duda de su valor. En cambio, hoy comemos para emocionarnos, para experimentar sensaciones contrarias y crear un juego de comparaciones. Visualmente iguales, texturas similares, sensaciones diferentes, una endibia te puede sorprender y una cigala seducir.

Tomates en salsa, hierbas aromáticas y fondo de alcaparras

Para 4 personas

Esta receta se divide en 4 partes:

1. Relleno de los tomates.
2. Tomates cereza en cal.
3. Sopa de tomate y alcaparras.
4. Caldo para terminar los tomates
   (al vapor)

Ingredientes y elaboración
1. Relleno de los tomates

Para la salsa de tomate

1.200 g de tomates cereza
maduros
12 g de aceite de oliva virgen
Sal fina
Azúcar

Lavar los tomates en agua fría, secar bien y colocar en una placa. Condimentar con una pizca de sal, azúcar y el aceite en las cantidades indicadas.

Introducir en un horno a 170 ºC durante 20 minutos. Colar el tomate junto con los jugos resultantes de la cocción, apretando bien sobre un colador. Reducir el líquido obtenido a la mitad. Reservar en cámara.

Para las infusiones en frío del relleno
Salsa de tomate y citronella

100 g de salsa de tomate.
6 g de *citronella* machacada

Triturar con ayuda del túrmix durante 1 minuto y colar por un colador fino. Poner a punto de sal y azúcar si hiciese falta. Reservar.

Salsa de tomate y cebollino

100 g de salsa de tomate
6 g de cebollino picado

Triturar con ayuda del túrmix durante 1 minuto y colar por un colador fino. Poner a punto de sal y azúcar si hiciese falta. Reservar.

Salsa de tomate y menta

100 g de salsa de tomate
6 g de hojas de menta piperita

Triturar con ayuda del túrmix durante 1 minuto y colar por un colador fino. Poner a punto de sal y azúcar si hiciese falta. Reservar.

Salsa de tomate y romero

100 g de salsa de tomate
6 g de hojas de romero

Triturar con ayuda del túrmix durante 1 minuto y colar por un colador fino. Poner a punto de sal y azúcar si hiciese falta. Reservar.

Salsa de tomate y perifollo

100 g de salsa de tomate
6 g de hojas de perifollo

Triturar con ayuda del túrmix durante 1 minuto y colar por un colador fino. Poner a punto de sal y azúcar si hiciese falta. Reservar.

2. Tomates cereza en cal

Para el baño de cal

2.000 g de agua
40 g de cal apagada

Poner en una olla la cal y el agua, remover bien y reservar.

Para los tomates cereza en cal

20 tomates cereza de diferentes formas y colores (5 por persona) del calibre 30-32
Baño de cal
Agua
Sal fina

Poner abundante agua con sal en el fuego, en una proporción de 12 gramos de sal por litro de agua. Hervir.

Escaldar lo justo para poder pelarlos (no hace falta hacerles corte alguno, la piel se agrieta con el cambio brusco de temperatura y se pelan fácilmente). Refrescar en agua y hielo un instante y pelar.

Introducir en la cazuela con el baño de cal. Remover la cazuela cada 10 minutos para evitar que la cal decante y nos salga mal el proceso de calcificación. Dejar así 3 horas. Lavar bajo el chorro de agua fría para eliminar cualquier resquicio de cal.

Para el almíbar de 30º

500 g de agua
150 g de azúcar

Juntar el agua con el azúcar en un cazo y poner al fuego. Una vez alcanzado el hervor, retirar del fuego, enfriar y reservar.

Para los tomates en cal confitados

20 tomates cereza ya escaldados y pelados
650 g de almíbar de 30º

Juntar en una bolsa de vacío los tomates calcificados con el almíbar. Envasar al 100% de vacío sin amontonarlos. Introducir en el horno de vapor durante 40 minutos a 100 ºC.

Sacar de la bolsa y secar en estufa 30 minutos a 80 ºC sobre papel sulfurizado. Reservar.

Para el relleno

Rellenar los tomates con las diferentes salsas. Tomate cereza redondo amarillo con menta. Tomate cereza redondo naranja con *citronella*. Tomate cereza redondo rojo con cebollino. Tomate cereza rojo corazón con romero. Tomate cereza bombilla con perifollo. Pondremos uno de cada por persona.

Los de romero los sahumaremos sobre una parrilla de madera de encina cuando nos los pidan y los tostaremos con soplete.

3. Sopa de tomate y alcaparras

Para el agua de tomate

1.000 g de tomates cereza maduros
Sal fina
Azúcar

Lavar los tomates en agua fría, secar bien y triturar en la Thermomix con una pizca de sal y azúcar. Introducir en una bolsa de vacío y envasar al 100% de vacío. Congelar sobre una superficie lisa.

Aplicar un proceso de clarificación por sinéresis. Para ello, sacamos el líquido congelado y lo dejamos reposar sobre una estameña suspendida dentro de una cámara a 7 °C. El proceso de descongelación nos permite obtener un caldo completamente transparente y clarificado.

Para el caldo de tomate y alcaparras

250 g de agua de tomate
100 g de alcaparras de Ballobar sin tallo

Juntar las alcaparras con el agua de tomate (en frío) en la Gastrovac. Programar la máquina a 62 °C durante 60 minutos. El tiempo se empieza a contar una vez la máquina alcance la temperatura arriba indicada. Finalizada la infusión, colar por la Superbag directamente. Enfriar el líquido obtenido en un baño maría invertido.

Para la sopa de tomate y alcaparras

200 g de caldo de tomate y alcaparras
0,2 g de xantana

Juntar el líquido con la xantana e integrar con la ayuda del túrmix. Poner en un recipiente dentro de la envasadora de vacío y hacer el vacío para poder eliminar las burbujas de aire que se habrán formado al integrar la xantana en el líquido. Poner a punto de sal si hiciese falta. Introducir en las probetas y, acto seguido, colocar en el Roner a 70 °C para el servicio.

4. Caldo para terminar los tomates *(al vapor)*

Para el caldo de alga *Laminaria digitata*

500 g de agua
30 g de *Laminaria digitata* en sal

Desalar el alga en un bol con abundante agua durante 5 minutos. Juntar el alga con el agua en una bolsa de vacío. Envasar al 100% de vacío y dejar 30 minutos a temperatura ambiente. Pasado este tiempo, introducir en el Roner a 60 ºC durante 45 minutos. Colar el caldo resultante.

Otros ingredientes

Hojas diminutas de albahaca

Acabado

Poner el caldo de algas al fuego en una olla con rejilla para vapor. Colocar los tomates encima. Tapar. Calentar al vapor durante 30 segundos.

Tendremos la sopa de tomate y alcaparras en probetas en el Roner a 70 ºC. Seleccionar las hojas diminutas de albahaca.

Sahumar el tomate de romero en la parrilla durante unos segundos y calentar todos en la salamandra.

Presentación

Colocar los tomates calientes en el plato. Servir la sopa de tomate y alcaparras a 70 ºC (que tendremos dispuesta en probetas) alrededor de los tomates. Colocar las hojitas de albahaca encima de la sopa.

Cebolla blanca, fondo de bacalao y pimiento verde

Ingredientes y elaboración
Para 4 personas

Para el caldo de pieles de bacalao

400 g de pieles de bacalao desaladas y escurridas
120 g de agua
24 g de cebolleta
3 g de dientes de ajo aplastados
1 punta de cayena

Introducir todos los ingredientes en una bolsa de vacío, envasar al 100% de vacío y cocer a 62 °C durante 4 horas en el Roner. Colar y pasar por la Superbag para eliminar posibles escamas o partículas. Enfriar y reservar en cámara hasta su uso.

Para el aceite de pimiento verde

100 g de aceite de oliva virgen
150 g de pimiento verde sin
rabo ni semillas
25 g de granos de café verde
2 g de hojas de albahaca

Pulverizar los granos de café verde en la Thermomix. Agregar el aceite y el pimiento y triturar a toda potencia durante 15 segundos. Pasar a una bolsa de vacío junto con las hojas de albahaca y envasar al 100% de vacío.

Introducir en un horno de vapor a 100 ºC durante 60 minutos. Pasado este tiempo, sacar de la bolsa y pasar por la Superbag apretando bien para que salga todo el líquido que habrá absorbido. Decantar en un chino dosificador para separar el agua que haya soltado el pimiento por un lado y el aceite, por otro. Reservar el aceite decantado.

Para el fondo de bacalao y pimiento verde

200 g de caldo de pieles de
bacalao
80 g de aceite de pimiento verde
y albahaca
2 g de ajo laminado *(sin germen)*
Sal fina

Poner el aceite de pimiento verde y albahaca junto con el ajo, desde frío, en un cazo y acercar al fuego. Cuando empiece a *pilpilear,* retirar del fuego y dejar templar un poco. Colar.

Poner el caldo de pieles de bacalao al fuego a templar. Triturar con el túrmix para airearlo y montarlo ligeramente e ir agregando a hilo fino el aceite de pimiento verde sobre el caldo, montando hasta agotar el aceite y lograr la emulsión. Poner a punto de sal. Reservar hasta su uso.

Para las cebollas en salmuera

4 unidades de cebolla dulce
seleccionada
500 g de salmuera al 15% *(150 g
de sal marina por 1.000 g de agua)*

Pelar las cebollas e introducir en la salmuera a temperatura ambiente. Poner un peso encima para que no floten y dejar en la salmuera 60 minutos. Pasada la hora, escurrir las cebollas y reservar.

Para el caldo de alga *Laminaria digitata*

500 g de agua
30 g de *Laminaria digitata* en sal

Desalar el alga en un bol con abundante agua durante 5 minutos.

Juntar el alga con el agua en una bolsa de vacío. Envasar a tope y dejar 30 minutos a temperatura ambiente. Pasado el tiempo, introducir en el Roner a 60 °C durante 45 minutos. Colar el caldo resultante.

Para las cebollas en salmuera guisadas

4 cebollas en salmuera
200 g de caldo de *Laminaria digitata*

Introducir las cebollas en salmuera en una bolsa de vacío junto con el caldo de *Laminaria digitata*. El peso del líquido sobre la cebolla es del 30%. Envasar al 100% de vacío y cocer en un horno de vapor a 100 °C sobre rejilla durante 90 minutos. El tiempo es aproximado y varía en función de las cebollas. Han de estar enteras, pero con una textura melosa, aunque ligeramente tersa al tacto. Sacar de la bolsa y dejar escurrir sobre la rejilla durante 10 minutos. Introducir en una estufa durante 30-40 minutos a 80 °C para que sequen ligeramente.

Para el aceite picante

200 g de aceite de oliva
4 g de ajos aplastados
2,5 g de cayena

Poner todos los ingredientes en un cazo a fuego suave durante 30 minutos. Dejar reposar hasta enfriar y colar.

Para las pieles de bacalao
confitadas

2 pieles de bacalao
20 g de aceite picante

Untar las pieles con el aceite picante y disponer entre papeles sulfurizados. Introducir en una bolsa de vacío y envasar al 100% de vacío. Confitar en un horno de vapor a 100 ºC sobre la rejilla durante 25 minutos. Abrir la bolsa y cortar las pieles del tamaño necesario.

Acabado

Quitar la capa exterior a las cebollas. Cortarlas simulando un taco de bacalao. Regenerarlas filmadas en una placa de horno de vapor a 100 ºC durante 2 minutos. Sacar de la placa y sahumarlas sobre una brasa de madera de encina hasta que adquieran gusto a parrilla. Colocar sobre cada pieza de cebolla un trozo de piel de bacalao confitada, simulando un taco de bacalao con su piel.

Tener el fondo de bacalao y pimiento verde caliente y puesto a punto de sal.

Tener aceite picante y aceite de pimiento verde en pipetas para terminar el plato. Calentar la cebolla en una salamandra para que recupere temperatura.

Presentación

Colocar unas cucharadas de fondo de bacalao y pimiento verde en el plato. Aliñar la cebolla caliente con unas gotas de aceite picante y apoyar sobre el fondo de bacalao y pimiento verde.

Cigala, endibia, coco y jugo de espárrago

Ingredientes y elaboración
Para 4 personas

Para la leche de coco

250 g de coco

Sacar el agua del coco. Abrir el coco con ayuda de un martillo. Una vez abierto, despegar la carne de la corteza dura y quitar la piel. Licuar la carne blanca. Reservar el jugo obtenido.

Para los tuétanos de endibia confitados en coco

4 unidades de endibias blancas
25 g de licuado de coco

Tornear las endibias pelándolas cuidadosamente hasta dejar solo el corazón. Corregir las diferentes alturas del corazón de endibia con ayuda de una puntilla.

Introducir los tuétanos de endibia torneados en una bolsa de vacío junto con el licuado de coco y un punto de sal.

Cocinar 3 horas en el Roner a 83 °C. Dejar enfriar a temperatura ambiente y, una vez fríos, reservar en cámara hasta su uso sin sacar de la bolsa.

Para el jugo de puerros

65 g de puerro sin lo verde
15 g de agua
Sal fina

Lavar los puerros bajo el grifo con agua fría, eliminando toda la tierra que puedan tener. Secar con papel, quitar el rabo y la parte más verde. Picar en rodajas de 2 centímetros e introducir en una bolsa de vacío junto con una pizca de sal fina.

Envasar al 100% de vacío e introducir en el Roner a 85 °C durante 2 horas.

Sacar de la bolsa y colar el jugo resultante por la Superbag, rectificar de sal y enfriar.

Para el jugo de espárragos

130 g de espárragos
30 g de agua
Sal fina

Lavar los espárragos bajo el grifo, eliminando toda la tierra que puedan tener. Secar con un papel, quitar el rabo. Picar en rodajas de 2 centímetros e introducir en una bolsa de vacío junto con una pizca de sal fina.

Envasar al 100% de vacío e introducir en el Roner a 85 °C durante 2 horas.

Sacar de la bolsa y colar el jugo resultante por la Superbag. Rectificar de sal y enfriar.

Para el fondo de espárragos y puerros

56 g de jugo de espárragos
17 g de jugo de puerros
7 g de vermut blanco
Sal
Azúcar
0,15 g de xantana

Juntar todos los ingredientes en un vaso de túrmix, batir hasta que queden bien mezclados.

Rectificar de sal y azúcar. Quitar las burbujas en la máquina de vacío y reservar en cámara.

Para las cigalas

4 cigalas vivas de 250 g

Cocinar 20 segundos al vapor de caldo de algas y pelar cuidadosamente la cola.

Acabado

Calentar la endibia al horno de vapor a 100 ºC durante 4 minutos. Mientras, cocinar la cigala durante 2 minutos en el horno a 150 ºC. Tener el caldo de espárragos en probetas en el Roner a 70 ºC.

Presentación

Hacer un corte longitudinal a la endibia, y cortar completamente. Hacer lo mismo con la cigala. Poner media endibia junto con media cola de cigala. Deben tener el mismo tamaño y parecer una misma pieza. Terminar con unas gotas de fondo de espárragos y puerros caliente.

PACO
RONCERO

La mesa de «Blade Ramen»

Paco Roncero se sitúa en el límite de la galaxia gastronómica. La cocina del futuro también pasa por los comedores excepcionales, aquellos que ofrecen experiencias sinestésicas para un número reducidísimo de clientes. La Terraza del Casino, en el cielo de Madrid, complementa su oferta con una habitación secreta en la que se intuye la cocina del mañana.

PACO RONCERO

LA VIVENCIA

Lo que se narra en estas líneas es extremo. Las páginas podrían llevar el epígrafe *gastronomía, tecnología, magia, videoarte, artes escénicas, parque de atracciones.*

No es pereza ni ambigüedad, sino un modo de llamar la atención sobre la complejidad e interdisciplinariedad del suceso.

El director/actor/narrador es Paco Roncero (Madrid, 1969). El escenario, el Casino de Madrid, edificio decimonónico donde ciervos de alta cuna disecan y cuelgan la cabeza de venerables socios, o al revés. Esa institución en la que obligan a la corbata alberga —excitante contradicción— un restaurante *high tech*, La Terraza, donde Roncero ha conseguido un híbrido entre el chip y el producto.

En 2010 soñó. «Tuve un sueño.» Lo onírico como motor de lo real: un comedor de última generación con una mesa de quirófano para operaciones de alta cocina. Un sitio único, el primero de su especie.

«No solo se trata de servir platos, sino de mejorar la experiencia de lo que hay alrededor. Hemos trabajado los sentidos, el confort del espacio. Pero no olvidemos que lo más importante, lo más importante es lo que se come», atina Paco.

La lista de proveedores rebasa la convención. Sí, agricultores y pescadores y carniceros. E ingenieros aeronáuticos. Y diseñadores de aromas y de ambientes y de «experiencias sensoriales», como Pep Torres, que dirige el Museu d'Idees i Invents de Barcelona, pensador de máquinas como una expendedora de bollería a pedal para quemar calorías. Torres acompañó a Roncero en el despegue, apuntalando la dramaturgia. Después cada astronauta ha flotado en su universo.

CÓMO GASTAR LOS AHORROS

Para cumplir «el sueño» hiperbólico, Roncero persuadió a cinco empresas. La impaciencia hizo que adelantase el dinero: «Saqué los ahorros de toda la vida sin que mi mujer lo supiera.» No ha habido divorcio y el dinero ha regresado al limbo bancario.

El cocinero usa el cubículo como centro de investigación, taller o laboratorio, tanto da el nombre con el que los chefs tecnoemocionales se refieren a esos lugares donde el pensamiento toma forma. Solo en ocasiones señaladas acepta a ocho comensales exclusivos en torno a una mesa alta rectangular. Ni uno más. Él es el noveno.

Maestro de ceremonias, demiurgo. El hombre medicina. Va guiando a los clientes o convidados por un itinerario que sabe, que huele, que se ve, que se escucha, que se toca.

Los cinco sentidos, más el sexto, ese que no tiene nombre, que intuimos, y que entona y armoniza a los demás.

LA MESA DE LA VESTAL

La sala está viva, cambia de color, temperatura, grado de humedad.

La mesa —fabricada con keraon, un material cerámico— tiene nombre de sacerdotisa: Hisia. Si alguna vez hay que sacar la vesícula a un camarero, mejor sobre este altar.

Se calienta, es una pantalla, la perfeccionan luces, aromas que puntúan la acción, incluso sirve para una actividad antigua y manual: ¡el emplatado! Los dedos de los ayudantes bailan en el extremo opuesto al chef-narrador.

Hisia se comporta como un barman silente. Gracias a un mecanismo magnético, agita un Bloody Mary sin que el bebedor toque el recipiente, mientras tiembla la trompeta de Miles Davis y fluye Nueva York en blanco y negro.

LA CHISTERA

El encuentro entre Roncero y Torres fue como el del ilusionista y el conejo. Se necesitaban y complementaban. Fue Javier Portolés, de la empresa Inhedit, quien dirige el proyecto, el que los metió en la chistera.

Torres, cuya cabeza es un desván iluminado con leds, quiso conocer a la persona para desmontar al cocinero. Para las sesiones de 2013 decidió música e imágenes, escribió el guion, si bien el trabajo valioso era el que no se veía ni se escuchaba ni se olía.

Una trémula labor subterránea: «La experiencia estaba trabajada en muchas capas de información, algunas eran obvias; otras, casi invisibles. El texto de Paco, la música, las imágenes, los olores, el color de la sala, los silencios, los momentos fríos y distantes, los tiempos (importantísimos), la calidez cada vez más visible. Se trataba de un trabajo artístico muy complejo en el que cada asistente sacaba su lectura.»

EL CORREDOR

Paco era un chef gordo que se quiso flaco. El sueño, un percutor del que ya se habló, esa forma personal de hipnosis.

Se calzó las zapatillas como una forma de desprenderse de lastre y para facilitar que la mente respirase. Las carnes se le apretaron al hueso.

Paco piensa cuando corre y corre cuando piensa. Muchos cocineros son seguidores de esa fe en pantalón corto, tal vez porque, forjadores de equipos, es el único momento en el que están solos. Correr es la voluntad del yo. Sudar, bufar, el corazón en la boca, el calambre comenzando a fundir la pierna. La esperanza de que la meta estará en la siguiente colina. «Me aporta ese momento de libertad que después me permite centrar todo el esfuerzo en la cocina.»

Es un corredor de maratones, también en sentido figurado. Forma parte del equipo del Casino de Madrid desde 1991, una prueba de larga distancia, donde ha pisado todos los carriles, desde el departamento de banquetes hasta el trono de la creatividad.

Investigador, atrapado por la tecnología, ha desarrollado programas informáticos de gestión para restaurantes y es un estudioso del aceite, sin que haya resbalado ni una vez en su carrera.

Como otros cocineros de talento dividido, es expansionista y mancha negocios como las taperías Estado Puro en varias localidades, el megaespacio Platea en Madrid (con Marcos Morán, Pepe Solla y Ramon Freixa) o restaurantes a los que no se puede llegar a pie ni corriendo, ni siquiera al trote, como View 62, en un rascacielos de Hong Kong; V.O., en Bogotá, y otros dos escenarios para tapas viajadas en Shanghái.

Tuvo como mentor a Ferran Adrià cuando el chef de Montjoi asesoraba el casino, pero con la voluntad del corredor del fondo ha tenido la necesidad de dejar su propia huella.

En el cabello, un mechón blanco como un rayo a lo Harry Potter de Carabanchel.

UNA AUTOPSIA

La cita con los ocho comensales es en el bar La Viga. Desconcertados y con una carta de bienvenida, acceden al Casino por la entrada de mercancías. Fue en La Viga, lo sabremos al acabar, donde Roncero tuvo «el sueño».

Una puerta blanca separa el siglo XIX del XXI.

Fuera hay un hombre sentado ante una mesa de roble: escribe de espaldas a una librería con lomos de cuero, ajeno al *show* y al paso del tiempo.

Dentro, un chisporroteo de neones. ¿La sala de autopsias de un hospital público de Manhattan?

El camino lleva del frío al calor, de lo azul al rojo. Cambio de colores y de estado de ánimo.

Sobre la blanca Hisia proyectan un mantel a cuadros. Los platillos brincan de gusto.

GRANDES ORQUESTAS

«No aderezamos con sal y pimienta. Aderezamos la parte sensorial, emotiva. Relajaos, dejaos llevar», susurra Roncero en fase yogui. Volad en esta alfombra de Aladino, podría seguir.

La comida dura unas tres horas, 53 cortes musicales, seis aromas, 20 servicios, cinco vinos seleccionados por María José Huertas (con la cata comentada por la sumiller), tres cocineros, dos camareros, una regidora, Nerea Ruano, y hasta una docena de cómplices.

En la cocina de vanguardia, los chefs son precisos, se la juegan en segundos con preparaciones delicadas, así que en la realidad alterada de este taller suman al enredo la mecánica del *on/off*, del *fast forward* y el *rewind*.

Qué ridículo si los vídeos no entran sincronizados. Henry Mancini, Xavier Cugat, Burt Bacharach, metal y *feeling*, tortilla de camarones, fresa helada con parmesano, cono de panceta ibérica con *tartar* de ostras, pato Pekín. Cha-cha-cha-cha.

PIES EN LA HIERBA

Sobre Hisia, el vídeo de unas piernas que se balancean sobre el pasto. El tronco de cada comensal se ajusta a las extremidades filmadas. Guisantes con su mantequilla y gamba roja. Tardes de junio mientras la brisa verde despeina. Tierra húmeda, barro en los pies.

Roncero habla de las correrías por el Retiro, que lo relajan, que lo dilatan.

«BLADE RAMEN»

El momento cósmico, inspirado en la película *Blade Runner*, de Ridley Scott, ese mañana que a lo mejor es el presente, metrópolis humeantes, contaminación y sopa, replicantes de ojos azules o con lentillas que somos nosotros.

Las notas acuáticas de Vangelis. Un tazón con panceta ibérica a baja temperatura. El comensal o replicante abre un tubito y vacía el contenido —una emulsión de aceite de oliva hojiblanca con anguila—, que serpentea sobre el caldo como si fueran unos fideos de ramen, *Blade Ramen*.

¿Qué comeremos en el futuro? ¿Dónde comeremos en el futuro?, se preguntan.

Scott intuyó el dominio de lo asiático, de lo callejero y el abuso de los anuncios apabullantes. Las capitales del planeta le han copiado.

La mesa es una nave espacial que lleva hasta la Luna. ¡Qué buen momento hubiera sido para alunizar con Sinatra!

Vaporizan con una mezcla de «metal candente, iones y elementos radiactivos».

Si Hisia es el mobiliario del porvenir y el *Blade Ramen* el alimento, esta peste a tubo de escape del *Enterprise* representará el hedor de las tripas del sistema. Camina el cocinero, con botas y traje, por los confines de la cocina. *Gastronauta* en la frontera.

El placer, por supuesto, y lo desagradable para comprender lo agradable. ¿Cuántas veces los cocineros se ocupan del dolor, tan humano?

EL CONFÍN

¿Los restaurantes que están por llegar serán así? Solo algunos, poquísimos, cabezas de cohete. Es la evolución más drástica de la corriente tecnoemocional.

Lo anómalo es que en un país arruinado y deprimido tres restaurantes visionarios, uno de Madrid y dos de Catalunya, hayan invertido en abarcar y comprender la Cocina Total.

Son ejercicios distintos pero hermanos, o primos hermanos. El 41º Experience de Albert Adrià, en versión más modesta, casi de tresillo, y la grandilocuencia *pop up*: *El Somni* de los hermanos Roca y el artista visual Franc Aleu, la *ópera gastro* en doce actos que estrenaron para doce elegidos el 6 de mayo de 2013 en el barcelonés Centre d'Art Santa Mònica. Arte, arte y tecnología.

La comida, para que no haya dudas, sobresaliente. La comida, para que no haya dudas, es lo capital. ¿O esa es la frase para apaciguar conciencias y detractores?

Las tres jotas, Joan, Josep y Jordi, convencieron a apetentes e inapetentes, de Miquel Barceló a Ferran Adrià, a que se prestasen al experimento que exploraba el borde del Sistema Gastro. Esa representación multidisciplimar, de lo físico a lo onírico, se grabó en un documental que adolecía de cuatro de los cinco sentidos, lo que demuestra que la cocina es un acto en vivo que digiere mal el diferido.

EFECTOS ESPECIALES

Qué lejano y rudimentario aparece el iPod del británico Heston Blumenthal con ruido de olas para intensificar la ingesta de moluscos. En 2009, el norteamericano Grant Achatz reflexionó sobre el comedor sinestésico y cómo «tocar el estado anímico» con la escenografía adecuada.

Para analizar esta desviación, los expertos suelen referirse a la mesa única, aspiración del chef artista, representada por el establecimiento tokiota Mibu, aunque la tecnología del señor Ishida se reduce al cuchillo. La cocina es ya 3D y necesita de pocos efectos especiales.

BOLSILLOS DE ORO

Sukiyabashi Jiro, una barrita en el metro de Tokio, es uno de los restaurantes más caros del mundo, a 11 euros el minuto (20 nigiris, media hora, 350 euros). En la cifra infartada se mantiene Paco Roncero Taller: 15.000 el paquete, a 10 euros el minuto. «Lo que más aprecia el comensal es el tiempo que le dedicas», desliza el chef después de desvelar cómo unos ingleses pagaron 41.000 euros. Pujaron por acceder a este palomar tecnológico de Madrid en una subasta organizada por Elton John en Londres.

A Hisia, que es una ínsula, le ha salido una hermana en otra isla, Eivissa, un espectáculo similar llamado SubliMotion —«la evolución del taller»— en un hotel para roqueros. A 1.500 euros por comensal, que son precios para bolsillos de oro.

LO BUENO ES MALO

Algunas piezas son malévolas y pellizcan: observar conejitos mientras clavas el colmillo en un bollo al vapor de liebre, para seguir con el lomo saltarín y un chocolate de caza. ¿Somos buenos y dóciles o crueles? La banda sonora es de Nick Lowe. La bestia que hay en mí.

PITUFO

La paella en la que los granos de aceite (el chef es experto oleico) sustituyen a la gramínea. ¿Los sarmientos? Una almohada que calienta la mesa y que los camareros pinchan para liberar recuerdos a brasas (aunque huele a ¡crema catalana!).

El Lego de chocolate que requiere de la pericia o impericia del cliente para ser completado: cuatro jarritas con colores ácidos (crema de almendra) con las que embadurnar el postre. El reto es vencer el rechazo azul, a menos que seas un Pitufo.

LAS LÍNEAS

«Nunca pensé en el fracaso porque tenía muy claro las líneas que no había que pasar.» La frivolidad. Lo superfluo.

FIN

Sobre Hisia, la proyección de unas diminutas señoras de la limpieza. Los *gastronautas* se marchan tras la ronda por el espacio. Sabemos ya que el futuro huele a metal fundido.

Y este presente.

LOS PLATOS VERTEBRALES

2005 Gominola de aceite de oliva virgen extra

Es el primer plato/snack de mi trabajo con el aceite de oliva. En realidad, quería hacer un caramelo de aceite pero se me cortó y, al dejar la masa reposando, vi que realmente lo que podríamos conseguir era una especie de gominola. La primera que salió fue de aceite de oliva virgen variedad arbequina. La evolución hizo que las elaborásemos de diferentes sabores, como tomate con hojiblanca, piña con arbequina... Hoy en día, gracias a otras técnicas y, en concreto, al obulato, podemos hacer el caramelo de aceite de oliva que yo había soñado.

2006 Queso parmesano con aceite de oliva virgen variedad hojiblanca

La idea era cómo reconstruir un queso y hacerlo más «saludable» (y eso que todavía no había empezado con mis temas de salud). Necesitaba un queso de sabor fuerte y que fuera de pasta dura, por eso decidí usar un *parmigiano regianno*. También necesitaba un aceite de oliva virgen extra que fuera contundente pero, a la vez, sutil. El hojiblanca es ideal. En este plato, primero aparece todo el sabor del queso parmesano y, después, permanece en la boca todo el sabor y características del aceite de oliva.

2007 Paella de arroz de aceite con pollo y bogavante

Plato que define muy bien mi manera de entender la cocina tradicional. En este caso el plato nace porque me invitaron a un congreso de arroces creativos con Carlo Cracco, lo cual me puso más presión. En ese momento estaba trabajando con metil, gelificante cuya propiedad es que gelifica a la inversa. Granos de arroz de aceite de oliva virgen extra variedad ocal y cocinado como una paella tradicional.

2008 Soba de aceite de oliva virgen extra (variedad hojiblanca) con langostinos [VER RECETA]

Después de un viaje a Japón y comer sobas, ramen... Me vine con la idea de hacer ese plato en el restaurante. Hacer el caldo y las guarniciones era relativamente fácil, pero yo quería una soba especial. Mi idea era combinar el aceite de oliva en un plato tradicional japonés. Después de este plato hemos hecho infinidad de versiones de sobas y ramen.

2009 Bacalao gustos básicos [VER RECETA]

Pilpil es aceite de oliva y hemos visto diferentes versiones de pilpil. Yo simplemente quería que el cliente se comiera el aceite de oliva a cucharadas y, además, reforzar que el aceite lo puedes tomar con los gustos básicos, dulces, salados, ácidos y amargos.

2010 Nido huevo carbonara

Me encantan los espaguetis a la carbonara y este plato es simplemente una versión de esa salsa. Otra vez juntos tradición y técnica para la elaboración de un nuevo plato. Sabores muy conocidos por todo el mundo, los de la salsa carbonara, con técnicas de cocina de vanguardia y donde la presentación también vuelve a tener un papel importante

2011 «Risotto» de yogur con cítricos

Este plato surgió de un viaje a Italia, donde comimos un *risotto* con piñones y con el que tuvimos una mala experiencia. En el avión vinimos con ganas de preparar uno y ver si éramos capaces de hacer algo excepcional. Tomando en el comedor de personal unos yogures, descubrimos que tenían mucho suero y lo recuperamos para cocinar el *risotto*. El yogur nos aportaba el sabor ligeramente amargo y láctico. Ahora, tocaba combinarlo para conseguir ese *risotto* excelente. Un puré de limón, preparado con el albedo del limón, era el acompañante perfecto. Para terminar, una pizca de comino, que dejaba un plato redondo. Plato en el que, al contrario del resto, no hay técnicas de vanguardia pero sí un conocimiento de las tradicionales.

2012 Falso arroz de calamar con toques thai

Me encantan los arroces, de cualquier tipo y soy capaz de comerlos a cualquier hora. He versionado infinidad de ellos y en casi ninguno había arroz. En este caso, los granos son de calamar. Lo difícil era conseguir una cocción que te hiciera dudar de si era o no arroz. La cocción en un caldo de arroz con coco, galanga, *citronella,* cilantro... Y la combinación final en el plato con un puré de la piel del pomelo rosa, un aceite de curry, brotes de cilantro y pimienta de Jamaica.

2013 Roca de gazpacho con buey de mar [VER RECETA]

Otra versión de un plato tradicional español como el gazpacho. En esta ocasión he usado diferentes técnicas —nitrógeno líquido, osmotización...— y formas de combinar los sabores a la hora de comerlo. La sopa de gazpacho se convierte en una cúpula hecha con nitrógeno líquido que tapa toda la presentación y que el cliente tiene que romper. El aceite de oliva en helado; las verduras, bien picadas y el buey de mar, como guarnición

2014 El huerto

Para la nueva experiencia del taller quería hacer simplemente unas verduras para *dipear* y que los clientes comieran con las manos. Teníamos que presentarlo diferente y se nos ocurrió hacer un verdadero huerto donde se come todo, desde el sustrato —la tierra, hecha a base de pan de especias y olivas negras— pasando por las verduras, y hasta las frutas caídas de los árboles. El huerto, que inicialmente medía tres metros, lo hemos reconvertido de tamaño. Fue uno de los platos estrella del verano 2014. Este plato te hace ver cómo puedes enamorar a los clientes con algo tan sencillo como unas verduras bien cocinadas y simplemente bien sazonadas.

Soba de aceite de oliva virgen extra (variedad hojiblanca) con langostinos

Ingredientes y elaboración
Para 4 personas

Para la base de metilcelulosa

1 l de agua
30 g de metilcelulosa

En un vaso americano se introduce el agua y la metil. Triturar hasta conseguir una pasta con textura algo gomosa.

Se introduce en la nevera, y en un recipiente tapado durante 24 horas al menos, para que la metilcelulosa hidrate correctamente y así pueda surtir efecto.

Para la soba de aceite

150 g de base de metilcelulosa
(ver elaboración anterior)
350 ml de aceite de oliva virgen
extra (variedad hojiblanca)

Emulsionar a hilo fino, como si de una mayonesa se tratase, el aceite sobre la base de metil.

Introducir en una jeringa la masa de aceite y mantener a
temperatura ambiente hasta el momento de su uso.

Para la sopa

75 ml de salsa de soja
30 g de azúcar
1 l de agua
12 g de seta shiitake seca
40 ml de mirim
40 g de dashi en polvo

En un cazo, hidratar el shiitake con el agua durante 2 horas.

Colar, levantar a fuego medio y, en el primer hervor, añadir
el polvo de dashi.

Levantar de nuevo a fuego medio, colar por la estameña o
con la Superbag.

Con el caldo todavía caliente, se añade el azúcar, el mirim
y la salsa de soja, por este orden, para establecer un equilibrio.

Para la tempura de arroz

40 ml de agua
20 g de harina de arroz
1 g de sal fina

Mezclar los tres ingredientes en un cuenco de acero inoxidable y guardar en la nevera hasta su uso.

Para la guarnición

160 g de langostino
5 g de limas
5 g de seta shiitake
4 g de alga fresca nori
2 g de sésamo negro
4 g de jengibre
10 g de cebollino picado
4 brotes de shiso
2 g de sésamo blanco japonés tostado
2 g de brotes de hinojo fresco

Pelar el langostino y extraer el intestino con cuidado de no romperlo.

Insertar en una brocheta de forma longitudinal para que quede recto.

Reservar en cámara hasta el momento de su uso.

Presentación

Freír en aceite de oliva caliente el langostino y el alga en la tempura de arroz. Colocar en un cuenco y terminar con las hierbas frescas, el jengibre, la lima rallada, el sésamo y las láminas de shiitake.

Calentar el dashi hasta que llegue al punto de ebullición y servir en una jarra bien caliente.

Una vez delante del cliente, se sirve el dashi muy caliente sobre un cuenco. Se ofrece al comensal hacer su propia soba, y tan larga como desee. La masa, a la que la jeringa va dando forma, entra en contacto con el caldo caliente. El aceite mezclado con metilcelulosa reacciona, dando lugar a una nueva manera de ver la pasta.

Bacalao gustos básicos

Ingredientes y elaboración
Para 4 personas

Para la sopa de aceite de oliva

160 ml de agua de bacalao
80 ml de aceite de oliva virgen
extra *(variedad arbequina)*
4 g de tapioca en polvo

Juntar el agua de bacalao con la tapioca y llevar a ebullición sin dejar de remover.

Cuando la mezcla haya ligado bien añadir el aceite fuera del fuego y ligar.

Poner a punto de sal.

Para la sopa de naranja y aceite de oliva

80 ml de sopa de aceite de oliva
(elaboración anterior)
40 ml de zumo de naranja natural
1,2 g de agar-agar

Llevar a ebullición la sopa de aceite de oliva, agregar el agar-agar y dejar hervir durante 45 segundos.

Retirar del fuego y añadir el zumo de naranja.

Verter sobre un contenedor de plástico adecuado para que tenga una altura de 2,5 centímetros de alto. Guardar en la nevera hasta que solidifique.

Para el ravioli de bacalao

400 g de lomo de bacalao
Sopa de naranja y aceite
(elaboración anterior)

Racionar el bacalao en porciones de 7 centímetros de largo.

Envolver el lomo de bacalao en papel film. Introducir el bacalao en un abatidor de temperatura y conseguir 0º en el interior del producto.

Quitar el papel film y laminar en la máquina cortadora de fiambres por un lateral del lomo, con un grosor de 2 milímetros. Colocar en un papel sulfurizado y superponer dos láminas formando una única tira.

Formar una cruz con dos tiras. En el centro, disponer la sopa de naranja y aceite de oliva gelificada, que previamente habremos cortado en dados de 2,5 centímetros.

Envolver la sopa gelatinizada con las tiras de bacalao, formando un ravioli.

Guardar los raviolis en la nevera hasta el momento de su uso.

Porcionar en pequeños tacos el bacalao sobrante. Y con las mismas dimensiones que los paquetes. Guardar en la nevera hasta el momento de su uso.

Para la gelatina de Campari

1 g de agar-agar
250 ml de Campari

Calentar el Campari, añadir el polvo de agar-agar, mezclar y llevar a ebullición.

Poner el Campari en un recipiente donde, una vez frío, podamos hacer dados de 2 milímetros aproximadamente.

Para la salsa deconstruida

100 g de limones
100 g de naranja
100 g de peras conferencia
100 g de manzana granny smith
10 g de hojas de menta
10 g de albahaca fresca
10 g de perifollo
10 g de hinojo
1 g de hebras de azafrán
10 g de flor de romero
10 g de raíz de jengibre
20 g de almendra tierna
30 g de pan de especias
Perejil
Bayas de enebro

Pelar el jengibre y cortar en dados de 2 milímetros. Conservar en la nevera y tapado con papel húmedo.

Pelar la manzana y cortar en dados de 5 milímetros. Conservar en agua y perejil para evitar la oxidación.

Pelar la pera y cortar en dados de 5 milímetros. Conservar en agua y perejil para evitar la oxidación.

Rallar la piel de limón procurando que no haya restos de piel blanca. Conservar en la nevera y tapado con papel húmedo.

Rallar la piel de naranja procurando que no haya restos de piel blanca. Conservar en la nevera y tapado con papel húmedo.

Deshojar el perifollo. Conservar en la nevera y tapado con papel húmedo.

Deshojar la albahaca. Conservar en la nevera y tapada con papel húmedo.

Deshojar el hinojo guardándolo en pequeñas ramitas. Conservar en la nevera y tapado con papel húmedo.

Tostar ligeramente las hebras de azafrán. Conservar en un lugar seco y tapado.

Picar las bayas de enebro. Conservar en la nevera y tapadas con papel húmedo.

Para el caramelo de aceitunas negras

100 g de tapenade
50 g de TPT
7 g de glucosa
40 ml de agua

Hacer un caramelo oscuro con el azúcar, la glucosa y 15 mililitros de agua.

Añadir el puré de aceitunas. Remover y añadir 25 mililitros de agua.

Cocer 3 minutos. a fuego medio y colar prensando.

Enfriar e introducir en un dosificador de salsas.

Presentación

Montar la salsa deconstruida en un plato sopero y haciendo un círculo de la siguiente manera:

De izquierda a derecha. Poner una cucharadita de pan de especias y, encima, una hoja de menta, una flor de romero y un poco de ralladura de limón. Le sigue un dadito de gelatina de Campari. A continuación, un dado de pera y, encima, un poco de enebro picado y una hoja de perifollo. Al lado, una almendra tierna. Le sigue una cucharadita de pan de especias y, encima, una hojita de albahaca, una flor de romero y un poco de ralladura de naranja. Le sigue un dadito de gelatina de Campari y el caramelo de aceitunas. Le sigue un dado de manzana y encima una hebra de azafrán y una ramita de hinojo. Al lado un dadito de jengibre.

Confitar el ravioli y el lomo de bacalao en la sopa de aceite de oliva.

Colocar el lomo de bacalao en el centro del plato y, encima de este, el ravioli.

Terminar salseando por encima con la sopa de aceite de oliva.

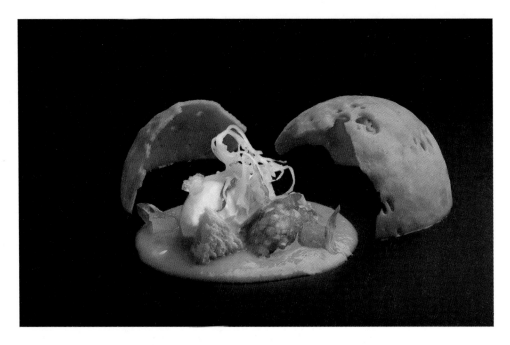

Roca de gazpacho con buey de mar

Ingredientes y elaboración
Para 4 personas

Para el gazpacho

500 g de tomate rojo maduro
en rama
60 g de pimientos rojos
50 g de pepino
50 g de cebolleta
4 g de ajo fresco
8 g de piñones
6 g de sal fina

Pelar el pepino y abrir realizando un corte transversal. Retirar las pepitas con ayuda de una cuchara y poner a purgar en sal gorda durante 10 minutos. Retirar la sal y lavar en abundante agua fría. Reservar.

Pelar los ajos e introducir en un cazo con agua fría, poner en el fuego y llevar a ebullición, retirar el agua, refrescar y repetir la operación dos veces más.

Hojas de albahaca
5 ml de nata semimontada
160 ml de aceite de oliva virgen
extra *(variedad hojiblanca)*
5 g de mayonesa
4 ml de vinagre de Jerez 25 años
Sal gorda

Con ayuda de un cuchillo, abrir la cebolleta por la mitad, retirar la capa exterior y cubrir con sal gorda por espacio de 10 minutos. Retirar la sal y lavar en abundante agua fría. Introducir en un cazo con agua fría y llevar a ebullición. Refrescar y reservar.

Lavar los tomates, retirar el pedúnculo y cortar en trozos irregulares.

Introducir todas las verduras en un recipiente y romper con ayuda de un batidor de mano.

Incorporar la albahaca, los piñones y la sal. Dejar reposar en cámara 12 horas.

Con ayuda de un batidor de mano triturar la verdura y colar.

Introducir la mezcla obtenida en vaso americano y emulsionar con la mayonesa, la nata semimontada, el vinagre y el aceite de oliva.

Rectificar de sal, colar y reservar en frío.

Para la roca de gazpacho

150 g de gazpacho
(ver elaboración anterior)
500 ml de nitrógeno líquido

Preparar un cuenco con el nitrógeno líquido y otro, con la crema de gazpacho.

Introducir la parte exterior de un cazo inoxidable —con forma de media esfera de 6 centímetros de diámetro— en el nitrógeno líquido hasta que deje de hervir.

Dejar reposar 10 segundos e introducir —el cazo, por la parte exterior— en el cuenco de crema de gazpacho durante 5 segundos.

Pasar por la superficie del nitrógeno sin llegar a sumergir hasta que se congele.

Con ayuda de una cuchara, dar unos golpes en el mango del cazo para conseguir despegar la cáscara del cazo. Conservar en el congelador a −18 ºC.

Hacer una cáscara helada por persona.

Para la escarcha de gazpacho

500 g de gazpacho
(ver elaboración anterior)
3,5 unidades de gelatina
(cola de pescado 2 g/ud)
1 unidad de sifón Isi ½ l
1 carga de gas N$_2$O

Colocar las colas de gelatina en un recipiente y cubrir con agua fría.

En un cazo, incorporar una tercera parte de la mezcla de gazpacho y poner al fuego hasta alcanzar una temperatura de 45º.

Añadir a la mezcla anterior las colas de gelatina previamente hidratadas.

Incorporar el resto de la mezcla de gazpacho, mover con la ayuda de un batidor de mano y colar.

Introducir en un sifón de medio litro, colocar una carga de gas y agitar.

Reservar en frío por un espacio de 3 horas.

Verter en un recipiente adecuado para ello, nitrógeno líquido y accionar el sifón con la mezcla de gazpacho sobre él para obtener la escarcha de gazpacho.

Colar y reservar la escarcha obtenida en el congelador a −18º hasta el momento del pase.

Para la crema de tomate

100 g de tomate rojo maduro
en rama
12 g de pan
2 g de ajo fresco
14 ml de aceite de oliva virgen
extra *(variedad hojiblanca)*
0,4 ml de vinagre de Jerez
25 años
0,6 g de sal fina

Pelar los ajos e introducirlos en un cazo con agua fría, poner al fuego y llevar a ebullición, retirar el agua, refrescar y repetir esta operación dos veces más.

Introducir en un vaso americano los tomates, el pan y los dientes de ajo previamente blanqueados.

Triturar a máxima potencia e incorporar la sal y el vinagre.

Incorporar el aceite de oliva a hilo fino hasta conseguir una crema fina y homogénea.

Colar y reservar.

Para el helado de aceite de oliva

59,8 ml de agua
9,8 g de leche en polvo desnatada
19 g de dextrosa
0,6 g de neutro crema
0,8 g de sal fina
10 ml de aceite de oliva virgen
extra *(variedad arbequina)*

Mezclar la leche en polvo con el agua y colocar en un cazo.

Incorporar la dextrosa y la sal. Llevar a ebullición removiendo constantemente con ayuda de un batidor de mano.

Añadir el estabilizante y dejar reposar en cámara 12 horas.

Con ayuda de un túrmix incorporar el aceite a hilo fino hasta conseguir una emulsión.

Pasar por la mantecadora y reservar en congelador a una temperatura de −18°.

Para el picadillo de gazpacho

8 g de tomate maduro de rama
8 g de pimientos rojos
8 g de pepino
8 g de pimientos verdes
8 g de cebolleta

Cortar los tomates en cuartos y retirar las semillas y la piel. Cortar en dados de 2 milímetros de espesor y reservar.

Realizar con ayuda de un cuchillo un corte transversal del pimiento, retirar las semillas y el pedúnculo. Cuadrar el pimiento y retirar la piel con ayuda de una puntilla. Cortar en dados de 2 milímetros de espesor y reservar.

Pelar el pepino y cortar en láminas de 2 milímetros de ancho con ayuda de una mandolina, cortar dados del mismo grosor. Reservar.

Cortar la cebolleta en cuartos y retirar la capa exterior. Separar las capas de las cebolletas y cortar en dados de 2 milímetros de espesor. Reservar.

Para el pepino «cru»

24 g de pepino
50 g de TPT
10 ml de aceite de oliva virgen extra (Baena)
2 ml de vinagre de Jerez

Pelar el pepino y cortar en dados de 1,5 centímetros.

Introducir en una bolsa de vacío e incorporar el aceite, el vinagre y el TPT.

Colocar en la envasadora de vacío y envasar al 100%. Reservar hasta el momento del pase.

Otros

16 g de grasa de jamón ibérico
2,4 g de pan
32 g de cangrejo real
8 g de sal Maldon
16 ml de aceite de oliva virgen extra (variedad hojiblanca)
24 hojas de albahaca

Cortar el pan en dados y reservar hasta el momento del pase.

Limpiar el cangrejo real y deshilachar. Reservar.

Presentación

Poner la crema de tomate en el centro del plato con ayuda de una cuchara.

Colocar sobre ella el picadillo del gazpacho previamente mezclado.

Poner encima de este el cangrejo real deshilachado y aliñado con la grasa de jamón ibérico.

Disponer de tres dados de pepino *cru* alrededor de la crema y poner sobre cada uno de ellos una hoja de albahaca.

Colocar el pan en los huecos que restan.

Poner encima la escarcha de gazpacho.

Con ayuda de una cuchara de moka, hacer una *quenelle* de helado de aceite y colocar sobre la escarcha.

Colocar unas escamas de sal Maldon sobre el helado y unas gotas de aceite de oliva.

Terminar el plato colocando la cúpula de gazpacho.

ENEKO
ATXA

La doble alma

Eneko Atxa gobierna un reino a las afueras de Bilbao, Azurmendi, un complejo gastronómico con varios edificios. Sabe que para crear necesita ser rentable y alimenta la vanguardia con otro negocio. *Tecnokasero*, ofrece una sostenibilidad integral, tanto por lo que sirve como por el edificio en el que lo sirve.

ENEKO ATXA

Eneko Atxa Azurmendi (Amorebieta, 1977) tiene la sonrisa bondadosa, las orejas perforadas y las cervicales vencidas, como el que soporta un peso mayor del que le corresponde.

✳ ✳ ✳

«Tratamos de cerrar el círculo», dibuja Eneko.

El círculo es una de las figuras geométricas de la nueva cocina. El cuadrado —el plato cuadrado—, la caricatura.

También podrían abrir el círculo para dejar entrar al extraño. Y lo hacen, dando la bienvenida al producto forastero, pero aún no han reflexionado lo suficiente sobre ese contagio.

Teorizan sobre cerrar el círculo: cultivar/criar/pescar/cocinar/comer.

«En nuestro entorno tenemos unos productos muy buenos. Y tenemos la técnica como herramienta vehicular hacia el placer.»

En educación se habla de lengua vehicular. El euskera como idioma vehicular. El ultrasonido como herramienta vehicular.

✳ ✳ ✳

Los cocineros persiguen platos imperecederos. La inmortalidad del pimiento choricero.

Unos pocos son capaces de dar trascendencia a las creaciones. Platos que resistan, al menos, la estación y su marchitamiento.

Las ideas se pudren al cabo de unas semanas y son reemplazadas por la bisoñez de otras preparaciones, que maduran al poco y mueren. Crecimiento acelerado, una vida de mosca.

En cocina, las cosas suceden deprisa.

Puede que repitan los participantes en la orgía —los ingredientes—, pero cambian las relaciones, incluso buscando el incesto, el huevo con la gallina.

El chef de Azurmendi es un hacha —Atxa— para los emblemas. Conjuntos que sobrepasan su tiempo.

El plato *La huerta* (2009).

Un par de patatitas. Una capa de tierra (almendra y remolacha). Y la siembra: mini zanahorias y calabacines, tomatitos, ajos tiernos, guisantes, lo que el tiempo provea. Se entiende el uso del diminutivo porque es la jibarización de un cultivo.

El comensal irreflexivo dirá, si se le pregunta, que el corazón del plato es el plantel, pero donde se estremece es en el tubérculo, desvelado al clavar la azada-tenedor. ¡Oh, sorpresa! Lo enterrado, lo secreto, lo oculto al descubierto. La promesa de la patata.

«*La huerta* es un homenaje al productor», concluye Eneko, que recoge la zanahoria, como un testigo, de manos del campesino.

⁂

Además de la tierra supuesta, esa de almendra y remolacha, *La huerta* está aromatizada con un destilado de tierra genuina, de cultivo, obtenido gracias a la máquina llamada Rotaval, según la idea pionera de Joan Roca.

La esencia de un sembrado en una cubeta, sojuzgada a continuación por los ultrasonidos. Hacia el final del texto se aclarará cuál es esta técnica muda.

Se cuenta la complejidad para que se entienda la doble alma de Eneko, mitad chef campesino, mitad chef tecnológico. Tecnonatural es la palabra.

⁂

Azurmendi es el apellido de la madre. Azurmendi es la madre. Teresa, Teresita. En casa eran muchos, el padre Jesús Mari, la hermana Begoña, la abuela Serafina, el tío Jon, hasta ocho personas y sus estómagos. Los sábados, alubias. Los domingos, sopa, garbanzos, carne con tomate.

«El restaurante, que abrimos en 2005, es una historia familiar. Somos dos socios. Mi tío, Gorka Izaguirre, y yo. Desde el principio nace como una idea clara: la búsqueda de la identidad y la diversidad. La identidad porque hemos tratado siempre de hacer algo que sentíamos en nuestro interior, y la identidad y la diversidad porque tuvimos claro que en el complejo habría distintos caminos, la cocina de vanguardia, la bodega... 2012 fue un punto de inflexión para nosotros con la construcción del nuevo restaurante. Un espacio conectado con el entorno, con nuestros parajes, que se deja absorber por el paisaje.

En cuanto a lo que buscaba y busco lo tengo bastante claro: es la transmisión del placer, del placer identitario. Hacer de lo local un placer universal.»

La doble alma: local y universal. Del guisante al mundo.

El cocinero podría esconder algún rencor por la tardanza en haber sido entronizado, aunque todo lo que recibes de Eneko es una sonrisa y un cabeceo incómodo ante el elogio. Nunca fue mimado como un *aristochef* por los califas gastronómicos, a lo mejor escamados por el grandioso espacio para convenciones y bodas con el que completa Azurmendi.

✳ ✳ ✳

Sobre las cervicales, ese agarrotamiento en la nuca que aturulla la cabeza, la carga del Reino Verde. Las facturas son como un collarín, que inmoviliza. No, a Eneko, claro, acostumbrado a soportar el dolor.

Arriba el *castillo*; abajo, el comedor para gigantes de 650 metros cuadrados con vigas y columnas de madera. Un solo hombre no puede abrazar una de esas columnas.

Aún hay más vainas en el Reino Verde. Debajo del edificio, la bodega de chacolí, propiedad del tío Gorka, artesano del blanco de cuyas botas mana el vino que sirven («ofrezco comer bebiendo algo que es nuestro, que es propio, que se hace con uvas que solo se dan aquí») y el que envían a otros destinos comerciales.

En un rincón del caserío mastodóntico estuvo, entre 2005 y hasta enero de 2012, el primer Azurmendi, un espacio recogido, casi una habitación, en el derroche espacial. Es ahora el bistró del complejo, el *prêt-à-porter*, donde desfilan la menestra de verduras y la merluza en salsa verde.

La doble alma también se expresa en este lugar: hacen arte pero tienen que poder pagarlo. El sí de los novios financia el huevo trufado.

En febrero de 2012, Eneko trasladó Azurmendi Gastronómico a lo alto, dominando el entorno, dándole la singularidad que merece. La celebración íntima ha vencido a la boda multitudinaria.

✳ ✳ ✳

La primera charla con Eneko fue en Santiago de Compostela en algún momento de principios de siglo, y ante una chuleta de vaca vieja. Es en los rituales de sangre donde se encuentran los hombres. En la mesa, su mujer, Amagoia. Las hijas, Nile y Nare, aún no habían nacido. Si se suma, en la vida de Eneko hay más mujeres que hombres.

Se cuenta lo de la chuleta sangrante porque se superó un prejuicio. El aspecto de Eneko es afilado, tiende a lo recto, aunque él es de naturaleza flexible. Podría formar parte de las filas del rock radical vasco, si es que existiera una rama gastronómica. Pero cuando Eneko habla, Eneko ama y todo en él, tan flaco, tan leñoso, es amabilidad y cariño. Es fácil querer a Eneko porque se esfuerza en querer.

El discurso ecológico, tan apreciado por el *marketing* y algunos doctos simplones, siempre falla en la arquitectura.

Puede que la comida sea limpia, pero son sucios los edificios que la cobijan. Azurmendi busca lo sostenible para trazar un discurso también saludable.

La naturaleza penetra y posee la construcción. En el comedor-mirador, las imágenes de un bosque cuelgan del techo.

Invernadero, plantas aromáticas en la azotea, jardín interior y exterior, maderas locales certificadas, materiales procedentes del reciclado, instalación fotovoltaica, geotermia, depósito de aguas pluviales.

Los arquitectos hablan de «fácil deconstrucción» del inmueble. La deconstrucción es, lo sabemos, una tendencia gastronómica.

Los chefs deberían de ocuparse del absoluto, del restaurante como lugar vivo, vulnerable, conectado, interdependiente, un ecosistema en el que el espacio, los humanos y los animales y vegetales se complementan.

La gallina *euskal oiloa* y la cebolla morada de Zalla. Un caldito con las pieles de la cebolla da una bienvenida blanca y mullida a los comensales.

«En ese líquido sustituimos los huesos de gallina por la cebolla. Para nosotros, la cebolla es un producto fetiche.»

También la cebolla tiene una doble, o triple alma, protegida por capas.

La cocina está basada en el asesinato y en el ritual, pero, al menos, las víctimas han vivido con dignidad antes del sacrificio. De eso también deben ocuparse los *ecochefs*.

«El jardín vegetal que rodea el edificio es un espacio que hemos diseñado inspirado en los jardines más bellos. En lugar de flores, uno encuentra los vegetales autóctonos. En la parte superior del restaurante hay una zona de investigación en la que trabajamos con el instituto Neiker Tecnalia para obtener una mejor calidad de esos productos vegetales autóctonos.»

Un ramo de rosas, un ramo de lechugas. Los enamoradores deberían de valorar el verde y la hoja ancha.

Tecnología y alubias. Investigadores con bata y cocineros con chaquetillas. Ha multiplicado Eneko los espacios de investigación. Al que aloja bajo el salón de banquetes suma este en lo alto, dedicado a desnudar los ingredientes.

En 2009, intentó el asalto a Madrid. En el entorno palaciego del Hotel Villa Magna recreó el espíritu de Azurmendi. Fue como esas bolas de cristal que contienen un paisaje nevado y muerto. Comprendió el chef que el alma, aunque dividida, no admite copias.

Por eso en este nuevo intento de externalización ha ido lejos, muy lejos, a una playa de Phuket, en Tailandia. En Aziamendi se comen los Grandes Éxitos de Azurmendi entre calores tropicales. En nada se parece a Vizcaya y sus cielos emplomados. Ese desdibujamiento tranquiliza a Eneko.

Azurmendi es una isla. Las distancias con el mundo son cortas, en Larrabetzu, al lado del aeropuerto, junto a la autopista, próximo a Bilbao. Es una falsedad. Las distancias con el mundo son enormes. Cuando entras en *territorio Atxa* no quieres salir. «Comes y bebes lo que ves desde los ventanales.»

Tecknocasero, Eneko ha reinventado el caserío, el *kaserío*.

Eneko Atxa

La yema trufada: «Decidimos trufar el huevo en directo con una jeringuilla. El proceso tradicional es que el huevo absorba los aromas de la trufa durante días, pero entonces dejan de ser frescos. Los nuestros están recién cogidos.» De un bocado, el sol enciende la boca.

✳ ✳ ✳

El Cantábrico resumido en una ostra: «Queremos acercar experiencias magníficas al restaurante, y si alguien disfruta comiendo una ostra mientras ve la bruma del mar y la huele y la respira, nosotros queríamos recrearlo desde el confort de casa.»

Entre la bruma, la carne blanca como una aparición. El olor de las olas al romper en la escollera.

«Robar el alma al Cantábrico y ponerla en el plato.» Robar el alma al Cantábrico como ladrones de brisas. El alma.

«Con la colaboración de Juan Manuel Madariaga y su equipo de la Universidad del País Vasco trabajamos el sistema de ultrasonidos focalizados. Lo explico.»

Lo explica. Para comprenderlo hay que imaginar a los cocineros con cubos en la costa, inclinados, meciendo el mar.

«Íbamos al Cantábrico y cogíamos el agua. Allí olía a mar, pero no en el restaurante. Ante el fracaso, consultamos con la universidad y nos dijeron que lo que proporcionaba aroma al agua eran elementos propios de su ecosistema. Recogimos el agua con sus elementos, aplicamos los ultrasonidos y conseguimos un aroma del mar, que se evade delante del cliente.»

Capturar el ambiente, lo intangible, lo volátil, con el cepo de los ultrasonidos y expandirlo en la sala con la ayuda del hielo seco.

✳ ✳ ✳

Pensar en Azurmendi como un todo, el edificio y lo orgánico, lo físico y lo anímico, lo que se come y lo que el cliente imagina que come.

Pensar en el menú como una novela.

«Reflexionamos sobre toda la colección, en la historia completa que queremos contar a lo largo del menú y ahí comenzamos a desgranar cada capítulo-plato. Entendemos que a lo largo de esa historia debe de haber momentos exultantes, placenteros, sorprendentes, inquietantes. Y que al llegar al final de la novela, el comensal se sienta conmovido.»

Sobre una fotografía del fondo marino del cabo Machichaco, qué bello nombre, el chipirón de anzuelo, las croquetas de tinta y un *toffe* de cebolla morada de Zalla. Chipirones en su tinta, chipirones encebollados, diría el tradicionalista.

¿Vajilla inspiradora, sugestión, panorámica? ¿Qué pretende Eneko? La hipnosis. Al comer admirando el mundo submarino haces pompas con la boca como si fueras un pez.

«Cuando creamos el plato hay siempre elementos ocultos que han de imprimir un carácter personal. Las raíces, la herencia, lo que somos. Historia, ¡pero historia futurista!», pronostica Eneko.

Jon Eguskiza, el *maître*, concentra el impacto: «Todos los sentidos son pocos.»

El comensal sigue alelado cuando le presentan el *Musgo en vertical* (2008). Lo es: un muro con compota, aire y bizcocho de manzana, flores de rúcula. Es irremediable sentirse un insecto atrapado en la humedad.

✳ ✳ ✳

Es un *triestrellado* en el lado tranquilo de la vida. Eneko entiende la creatividad como una planta. No hay que acelerar el crecimiento, sino que se desarrolle con naturalidad. La prisa, la prisa por figurar, la prisa por ser, no va con él. Capaz del icono, del plato con mayúsculas, *La huerta*, el *Musgo en vertical*, su cocina también es tesela y mosaico, minúsculas.

Los raviolis de rabo, en homenaje a un potaje dominical. Fundente de morcilla casera y caldo de alubias de Arraño, donde reencuentra al padre, Jesús Mari. Pichón y avellanas miméticas (hígado y fuagrás en molde de silicona para representar el fruto seco) o el bosque a mis pies. Las castañas que Teresita compraba a Begoña y a Eneko cuando eran niños, un aroma a ayer —cenizas de viñas de chacolí— que emana de una caja de cartón.

En cuatro platos, el cocinero ha contado su vida. Una carta puede ser una biografía, algo íntimo. O la impostura de una vida ajena, de platos copiados. En la de Eneko está la sinceridad del que la ha vivido.

En el laboratorio primero, el del *viejo* edificio, han escrito en el techo un poema de Kirmen Uribe.

El dedo pequeño tuvo una idea. / El dedo anular lo investigó. / El índice lo probó. / Y el dedo gordo se lo comió todo.

Tres dedos son el equipo, que colabora.

El pulgar, el cliente.

El poeta abre la mano y describe, en cuatro pasos, la vanguardia.

¿Dónde ha metido el corazón?

Eneko ríe sin estridencias, tímido o prudente.

La espalda molida, cada vez más doblado.

«No hay placer sin dolor.»

El cocinero padece para que el visitante goce.

Gusto y daño. Es la doble alma de Azurmendi.

LOS PLATOS VERTEBRALES

2005   Espuma de hongos, huevo y crema de ibérico

Queríamos reflejar una receta súper clásica como la del revuelto de hongos, pero aplicando las nuevas técnicas de entonces y deconstruyendo, separando cada elaboración con una textura diferente para que cada comensal fuera uniendo los sabores a su antojo.

2006   Papada confitada con jugo de garbanzos y brotes

Este plato reflejaba un camino, el camino de lo sabroso y los sabores definidos. Hemos seguido este camino, muy marcado en otros platos que han sido muy significativos para nosotros como el estofado de salazones y bombones de Idiazábal. Fue nuestra declaración de intenciones.

2007   Espárragos brotando en directo

La técnica nos permitía jugar (seriamente) con los clientes, mostrar las distintas posibilidades de un buen producto, su versatilidad...

2008 Musgo en vertical

La rebeldía. ¿Por qué tenemos que emplatar siempre en horizontal? Hagámoslo en vertical.

2009 La huerta

Un homenaje a los productores, de quienes cada vez quise saber más y más, de los que jamás me he separado. Son, para nosotros, los preelaboradores de todos los platos.

2010 Fresas y rosas [VER RECETA]

Cocinar acariciando... Tratando de aportar a nuestro estilo contundente notas de sensibilidad.

2011 Ostra con aromas del mar

Comer desde los sentidos: ver, oler, comer, sentir...

2012 Huevo trufado en directo

Del problema a la oportunidad. ¿Comprar huevos frescos para que pierdan su frescura en la nevera mientras se trufan? ¡No! Trufemos el huevo en directo y mientras siga siendo fresco.

2013 Guisantes, su flor y gel de ibéricos [VER RECETA]

Un tesoro que me acerca cada día más a mi entorno. Cultivo, recogida y elaboración global, desde la flor al tesoro verde, técnicas de campo, de cocina, el producto. Una de las recetas más completas que tenemos. Desde el principio hasta el final: se cultivan en casa, en Azurmendi, se transforman en casa y se comen en casa.

2014 Bloody mar [VER RECETA]

Distintos puntos de vista creativos desde donde partir para una nueva propuesta. Receta tradicional: el origen es un *bloody mary*. Productos: jugamos con los tradicionales de la receta de siempre pero, además, aportamos los matices yodados con los erizos y los florales con las flores. Juego: del *bloody mary* al *bloody mar*, jugando con las palabras, la apariencia...

Fresas y rosas

Ingredientes y elaboración
Para 90 personas

Para la nube de rosas

300 g de claras de huevo
200 g de azúcar
25 g de glucosa
15 g de esencia de rosas
6 hojas de gelatina (12 g)

Hacer un almíbar con el azúcar, la glucosa y un chorro de agua y subir a 117 °C, añadir la esencia de rosas y las gelatinas rehidratadas y secas. Por otro lado, semimontar las claras e ir añadiendo el almíbar anterior a chorro fino, terminar de montar y estirar en un papel sulfurizado con un grosor de 2 centímetros. Dejar enfriar en cámara. Una vez frío, cortar en círculos con un aro de 7 centímetros de diámetro.

Para el helado de fresa

500 g de puré de fresa (Boiron)
145 g de agua
145 g de azúcar

Hacer un TPT con el azúcar y el agua y añadir el puré de fresa. Turbinar.

Para la espuma de fresa

1 l de puré de fresa
4 hojas de gelatina (8 g)

Calentar una cuarta parte del puré de fresa y añadir las gelatinas rehidratadas, mezclar con el resto del puré y meter en un sifón con dos cargas de gas.

Para el caramelo de Módena:

50 g de vinagre de Módena
15 g de azúcar

Juntar los dos ingredientes y reducir a la mitad. Reservar en un gotero.

Para el «candy» de rosas

250 g de azúcar
100 g de claras
30 pétalos de rosas

Untar los pétalos con la clara de huevo y rebozarlos con el azúcar. Meter en la mesa caliente y dejar secar.

Otros ingredientes

30 fresas medianas
Pétalos de rosas
Aroma de champán

Cortar las fresas en láminas finas.

Presentación

En el plato disco, colocar en el centro una nube de rosas; sobre esta, cuatro láminas de fresa un poco superpuestas, un *candy*, una *quenelle* de helado de fresa y un botón de espuma. Decorar con tres gotas de caramelo de Módena. Servir con un bol con tres partes con hielo seco en el fondo, dos pétalos de rosa en el medio y el aroma de champán.

Guisantes, su flor y gel de ibéricos

Ingredientes y elaboración
Para 20 personas

Para el gel de jamón

1 kg de huesos de jamón
60 g de ibérico
Xantana

Limpiar bien los huesos de grasa rancia y cubrir de agua junto con el jamón cortado en trocitos. Dejar reducir sin que llegue a hervir durante 15-20 horas, desengrasando de vez en cuando. Cuando haya alcanzado el sabor deseado, colar por la Superbag y desengrasar muy bien.

Texturizar con xantana con 8 gramos por litro de caldo de jamón.

Otros ingredientes

525 g de guisante lágrima
60 flores de guisante

Presentación

Escaldar unos segundos 15 gramos de guisantes y añadir a 10 gramos de gel de jamón caliente. Poner a punto de sal. Emplatar en un bol de vidrio borosilicatado. Decorar con tres flores de guisante.

Bloody mar

Ingredientes y elaboración

Para 12 personas

Para el «bloody mary»

30 g de vodka
200 ml de zumo de tomate
30 g de zumo de limón
2 gotas de salsa Perrins
2 gotas de tabasco
Sal
Pimienta negra

Mezclar todos los ingredientes.

Para el caldo de verduras

150 g de puerro
300 g de zanahoria
300 g de cebolla
2 l de agua

Hervir hasta reducir a la mitad. Poner a punto de sal. Enfriar.

Para el jugo de erizos

450 g de huevas de erizo
300 g de caldo de verduras
150 g de aceite de girasol
c/n colorante rojo alimentario hidrosoluble

Triturar los huevos de erizo con el caldo de verduras y emulsionar con el aceite de girasol. Añadir el colorante hasta conseguir el color de un *bloody mary*.

Mezclar 400 gramos de jugo de erizo con 60 gramos de *bloody mary*. Reservar muy frío.

Para la mayonesa de erizos

80 g de huevas de erizo
20 g de aceite de girasol

Triturar y emulsionar. Reservar en un biberón.

Para los erizos frescos

5 erizos frescos
Agua de mar

Cortar la cáscara con unas tijeras por la parte inferior. Sacar las yemas con una cuchara y limpiar con el agua de mar. Reservar en el propio jugo del erizo.

Para el apio encurtido

150 ml de agua
150 ml de *txakoli*
25 g de azúcar
10 g de sal
4 granos de pimienta
½ hoja de laurel
75 ml de vinagre
2 ramas de apio verde

Juntar todos los ingredientes y hervir para que se disuelva el azúcar. Dejar a temperatura ambiente. Cortar el apio por una parte con un pelador en láminas de 7,5 centímetros por 1,5 centímetros. Por otra, en cuadraditos de 3 por 3 milímetros.

Meter las láminas en la mezcla anterior, envasar al vacío, dejar 2 minutos y retirar el líquido. Reservar en cámara. Repetir la misma operación con los daditos de apio.

Otros ingredientes

2 rebanadas de pan laminado muy fino (2 mm)
24 flores de microtagete
24 flores de verbena roja
24 rizos de cebollino
Pimienta negra

Cortar el pan en rectángulos de 7,5 por 1,5 centímetros y hornear con un peso encima para que no se curve hasta dorar el pan.

Presentación

Añadir 35 gramos de jugo de erizos en un catavinos, añadir una pizca de pimienta negra recién molida. Sobre el pan, una raya de mayonesa de erizos; sobre esta, una lámina de apio, dos yemas de erizo, dos flores de microtagete, dos flores de verbena, dos rizos de cebollino y dos daditos de apio. Colocar el conjunto encima de la boca del catavinos.

RICARD
CAMARENA

Toca, Ricard, toca

Ricard Camarena es como su cocina: fresco, amargo, picante. Valencia es el destino, aunque algunos de los ingredientes lleguen de muchas partes del mundo. Fue trompetista y sigue queriendo dar buena nota. Llegó tarde al oficio pero se puso enseguida al día: en tres lustros años ha mudado de piel varias veces, con traslados hasta este Ricard Camarena Restaurante definitivo. Investiga los caldos sin agua, que es como reinventar la sopa.

RICARD CAMARENA

El viaje hasta Barx, en una montaña de la comarca de la Safor (a 80 kilómetros de Valencia), es de retorno y con la nostalgia amortiguada. Hace
mucho que Ricard Camarena Ivars (1974) ya no habita en el pueblo en el
que nació, aunque sí su padre, Ricardo, con quien ha quedado para comer
una paella de carne y verduras, y su hermano Guillermo, al frente del supermercado que fundó aquel abuelo Ivars que conoció el estraperlo. Aunque
le apetece comer con el padre, la excusa de la excursión es visitar la piscina de la localidad, acción incomprensible de no ser porque en el chiringuito Ricard se soñó chef por primera vez.

Han pasado catorce años, el cartel que señala el restaurante, y que él
mismo colgó de una pared, sigue en su sitio con una lastimosa firmeza.
Llamar *restaurante* al espacio es de una ciega generosidad. En 2000, Ricard
quiso hacer la revolución en un lugar con teselas azules en el que las pieles
sabían a cloro y el Calipo era una lujuria verde. En la actualidad, la escuela
de Barx y sus últimos niños lo ocupan como comedor escolar. En el menú
del día, pizza. A la jornada siguiente lo cerrarán hasta el próximo curso.

En ocho años, Ricard y su mujer, Mari Carmen Bañuls Abad, con la que
ya se asoció en La Piscina, aún novios, han montado tres restaurantes
principales, con el deslome y la osteoporosis mental que eso representa.
Arrop de Gandía (2004) y Arrop de Valencia en el Hotel Marqués de Caro
(2009); y, en la misma ciudad, el definitivo Ricard Camarena (2012), comu-
nicado con Canalla Bistro. La voracidad laboral sigue con Central Bar, en
el Mercado Central de la capital valenciana. En otro zoco reformado, el de
Colón, el Lab, el aula-laboratorio, el centro de producción y el comedor
para banquetes.

Y un único fracaso, Fudd (2007), con el que quemaron dinero, *low cost*
anticipado («tan malo es llegar muy pronto como muy tarde»). Manejar
tantos espacios es algo que Ricard afronta con la tranquilidad del patinador

acrobático sobre hielo: si conoces la mecánica, no te caes, aunque hagas tirabuzones. Su plan es desplazar las ideas del Canalla —al que acaba de añadir un bar—, incluso a otros continentes.

Tal vez porque llegó con retraso a la cocina profesional, y porque su vocación fue tardía, evitó el sarampión del chef adolescente y pudo construir con la convicción del adulto. Porque él había querido ser trompetista. «Nací para ser músico. Tenía muchas condiciones, pero requería constancia y sacrificio, ensayar a diario cinco o seis horas.» Sopló hasta los veintisiete años. Tocaba en la banda municipal y en orquestas durante las verbenas de gaseosa y azahar y amores urgentes bajo los naranjos, entre caballones. Tenía entonces «oído absoluto», capaz de desmenuzar cualquier nota. Ha perfeccionado el sentido: afina el gusto, que también es un instrumento de viento.

En una pared del restaurante, como un fósil, la primera trompeta, el brillo apagado y ceniciento: «Tiene treinta y dos años. Ni ante mis hijos toco. Solo cojo la flauta dulce.» El abuelo Camarena fue un gran trompetista, «el mejor del pueblo». El padre Camarena, menos. Ricardo lo acepta cuando se le pregunta por sus habilidades, y las del hijo. «Era un poco *perret*.» Ya había confesado Ricard que fue chucho, holgazán, que darle a la boquilla requería labios de mármol. Y, sin embargo, ahora es un trabajador sin horas, un Hombre Cocina. Lo personal y lo profesional son capas del mismo sándwich.

Entre la trompeta y el do de cuchillo, Ricard tuvo tiempo para la percusión: fue picapedrero durante cinco años. Cuando se habla de esto, cuando se habla de mazas y martillos y casas y muros de piedra y cantos rodados y dedos en sangre, es en Valencia, durante una comida en el restaurante con estrella, en el que Ricard se ha sentado a la mesa, la larga que desemboca en la cocina, una mesa con nudos y meandros, una mesa río.

Cuatro o cinco veces al año lleva a cabo ese ejercicio de conocimiento: ser comensal con libreta para corregir, para corregirse. Mari Carmen, que estudió relaciones laborales, ha ideado un sistema de integración y evaluación: empareja camareros/as con cocineros/as para que coman juntos y compartan y sepan qué es estar en el cuerpo del cliente. Ricard está orgulloso del nuevo papel de ella: ha dirigido los restaurantes y ahora armoniza a las personas. «Ha cambiado completamente los equipos.»

Ellos mismos son sala y cocina, tienen personalidades fuertes: conciliar el sándwich marital es delicado. Trabajar menos juntos para seguir trabajando juntos. Ricard se mueve más que un émbolo. Durante un café, Mari Carmen dirá sin reproche: «El problema no es que no esté en cuerpo, es que no está en mente.»

Porque Ricard acude, a primera hora de la mañana, a Central Bar, huele cazuelas, da el visto bueno al «mejor conejo de mundo»; conversa con su hermana Carolina, que se encarga de esta plaza «que da visibilidad», «un lugar desde el que llegar a todos», y pasa por algunos puestos donde recoge un botín en pequeñas dosis, como esas fresitas de Canals que contribuirán al bermellón del postre de remolacha, frutos rojos, leche fresca y eneldo.

Porque después vigila Ricard Camarena, donde toma nota a los clientes y los sirve y explica, porque quiere explicarse, disfruta explicándose.

Porque después saca la nariz en Canalla y reparte entre los empleados cariño a la valenciana, esa forma peculiar de coscorrón. Y después da una clase por la tarde en el Lab o desarrolla nuevos platos.

Y se escapa, sí, antes de la repetición de la noche, de la ruleta de la noche, para cenar con Mari Carmen y con sus hijos, Mauro y Luca. Y así todos los días.

Sentado, con la libreta, Ricard se muestra razonablemente satisfecho. Ha apuntado correcciones. Al marinado exprés de mero de arpón, mandarina y perejil, «como un sashimi marinado al momento», le sobra «equilibrio» y requiere de algo más punzante. Nunca puede haber monotonía o aburrimiento, el tedio es para espíritus débiles.

No prueba gota de alcohol, dejó de beber hace años —«soy abstemio»—, así que se pierde botellas de lento goteo como Coulée de Serrant 2001, que ofrece el sumiller David Rabassa.

Aprueba los guisantes lágrima con encurtido de perifollo y vinagre de arroz, la ostra valenciana con aguacate y horchata de galanga; los espárragos blancos asados al horno, jugo de coco y huevas de salmón; las judías *bobby* de Alginet («las llaman droga porque hay poca») con cebolla de la baba, bacalao y jugo de tomate en salazón; el lomo de caballa con verdolaga y boniato; la paletilla de cabrito con zanahorias, yogur y jugo de hierbas; la breva con vinagre, vainilla y fondillón.

Lo ácido, lo amargo y lo valenciano, abrazándolos. Esos adjetivos también describen a Ricard, con carácter cítrico, con su parte dulce y su parte acidulada. Se dio a conocer por esa cocina atravesada por la luz, si bien sus investigaciones miran lo profundo. La mayor parte de su vajilla es honda. Prefiere el caldo a la salsa. La levedad al empaste.

¿Es posible hacer un caldo sin agua? Un día respondió a esa pregunta que vulneraba las leyes gastronómicas, no así las biológicas: «Sí, con la humedad del propio producto.» Puede ser en una olla, puede ser un licuado vegetal, puede ser un consomé.

¿Mejora una sopa después de una cocción larguísima o las virtudes se evaporan? ¿Por qué no buscar una ligereza que preserve el sabor? ¿Y cómo? En algún momento del proceso le vino a la cabeza un recuerdo con tentáculos, un pulpo con patatas y laurel que preparaba su madre, Adela, en la olla exprés. «No añadía agua, sino que se cocinaba con la que soltaba. El pulpo no quedaba bien, pero ¡el caldo!»

El caldo, el jugo, el líquido, el zumo, la sustancia. El túrmix es el gran aliado porque hay que desmenuzar la materia prima.

Ejemplo 1: «Carne picada de cabrito en olla a presión, con jerez, ajo, aceite de girasol y sal. La sal rompe las fibras, la humedad sale. Gelatiniza gracias al colágeno.» Se cuela, se separa el líquido del sólido.

Ejemplo 2: «El caldo que dejan veinte kilos de clóchinas —del que salen seis o siete litros—, pesto de sisho, licuado de judía verde, aceite aromatizado con ajo y limón.»

Ejemplo 3: la infusión de calamar y pepino que sirve como antesala de la comida, para apaciguar el estómago. Se tritura el calamar («tiene que ser muy fresco»), al que añaden perejil y ajo. En la cazuela, el engrudo borbotea, espesa, respira: «La proteína coagula. Pierde la capacidad de retener líquido y lo expulsa.» Pasan la masa por un papel y filtran esa sustancia, que mezclan con otra, destilación de pepino macerado y jugo de lima. El resultado es una bebida que refresca, con su punto de amargor y un suculento fondo de mar. La pega del procedimiento es que la carne de un gran producto, así como antes de las clóchinas, se desecha. Se extraen esencias, el espíritu de las cosas. Tres kilos de calamar dan un litro. «Es caro. Gastamos mucho, mucho en producto.» Sin querer, hemos hablado de perfumes.

Esa exploración hacia lo íntimo del ingrediente también ha servido para buscar sus jugos interiores. Ha sido un largo proceso de domesticación y depurado, de guardar al lobo. «Antes me comía a un tío de un bocado.» Ha tardado tres años en aprender a retirar los dientes.

Adela, la madre, ya fallecida, miraba las manos del trompetista destrozadas por el picapedrero. «Dan una lástima esas manos... ¡Un hombre como tú, picapedrero!»

Como otros, había sentido la recompensa de la cocina a edad temprana: en el supermercado familiar, se proveía de lo necesario para el *bullit* y los metía en la olla. Para alejarse de las piedras, se matriculó en una escuela de hostelería. «Hasta entonces, para mí alta cocina era lo que hacía Arguiñano. Paella, entrecot, pizza.»

Fue en un curso con el cocinero Miquel Ruiz, entonces en el restaurante La Seu, con una estrella, y hoy liberado del yugo con un bar, donde descubrió que lo local podía ser universal, que la judía era una llave para abrir puertas y que en la anguila había una cierta verdad. Que era posible hacer cocina creativa en Valencia, desde Valencia, con Valencia. «Si alguien piensa en un cocinero valenciano, quiero que piense en mí.»

Adiós, solomillo de cerdo con dátiles y salsa de Oporto. Adiós, *confit* de pato con frutos del bosque. Hola, *pastisset* de boniato y fuagrás. Hola, ensaladilla rusa con mayonesa de atún. Son platos de La Piscina, con tres lustros, que forman parte del Canalla Bistro, reivindicando el pasado pero también lo adelantado a su tiempo. El Canalla es el panel de destinos de un aeropuerto: bocata al vapor de cerdo Pekín, tataki de pez mantequilla, tempura melosa de verdura ligeramente picante (¡qué vicio!).

Los operarios municipales de Barx están poniendo a punto las instalaciones acuáticas para dar la bienvenida al verano. Todos saludan y celebran al cocinero y al padre, que enseña la barbacoa donde asaba las sardinas para echar una mano. Fueron años cruciales porque experimentó y supo qué quería ser y qué no. Porque tuvo ambición en un lugar inadecuado, porque aspiró a lo máximo en espacio de mínimos. En la carta escribía con ánimo regeneracionista: «Proponemos una manera nueva y original de entender la cocina valenciana.» Distorsionó tanto la caseta y sus usos que un partido político prometió en un mitin que, de ganar, restituirían la oferta habitual. «No estaban contentos con el servicio que daba. ¡Seguro que con buen criterio!» Lo recuerda con humor, como si hubieran pasado mil años del *bullit* con gelatina de judías y aire de zanahoria.

Fue a Gandía. Fue a Valencia. «Los pasos importantes fueron esos. Y, en Valencia, dejar el hotel y abrir nuestra casa.» En el bloc de notas, varias aserciones *camarenas* a lo Pequeño Saltamontes, o salmonete. «Mi cocina es como una paella. Todo tiene que estar bueno por separado. Porque todo tiene que estar bueno junto.» «Si haces algo, lo haces muy bien.» «Si el plato es bonito, es casualidad.» «En los platos no me agrada el sosiego, la paz. Tiene que decir algo.» «Poca grasa, poco hidrato de carbono, acidez, frescor. Cada plato tiene que limpiar el paladar.» «No creer nada, comprobarlo todo.»

Le dijeron que no era posible hacer caldos sin agua. *No creer nada.* «Los caldos siempre habían estado ahí, pero se necesitaba otra manera de reinterpretarlo.» Como en el cuento de Monterroso, el caldo siempre había estado ahí. De una sopa de amebas procede la Humanidad.

Los primeros ensayos con los nuevos fondos fueron en 2006. Después se interesó por una máquina, el Roboqbo (2009), que «trabajaba sin evaporación, el agua hervía a 45º, el caldo salía muy concentrado». Pero no le convenció y siguió pensando en cómo destilar animales y vegetales. «Evitar la oxidación, busca el frescor, el aroma primigenio.» Habla de caldos muertos como mares muertos.

«Delante de una obstinación hay falta de seguridad. La vehemencia, la inflexibilidad: "Esto soy yo, esto represento." Hay que filtrar el mensaje. Y no demostrar a cada momento la solidez de tu pensamiento.» Filtrar el mensaje, filtrar el caldo, purificar el carácter.

Tras visitar al hermano en Barx y cargar con fresones y unos paquetes de coca de *dacsa*, y respirar la nostalgia de la piscina, la paella y su mística en el restaurante Parpalló, en La Drova. A última hora, ya con la ceniza de los cafés, se presenta el poeta Josep Piera. Ricard tiene relaciones magníficas con los escritores valencianos que manejan la pluma con el esfuerzo del hortelano. Uno de los primeros textos sobre su trabajo lo firmó el novelista Rafael Chirbes en la revista *Sobremesa*.

Padre e hijo hablan de salud, hablan de otras paellas (una paella siempre lleva a las anteriores) y de las sandías que Ricardo quiere plantar y de cómo ha dejado la tierra a punto para la labor. Sería necesario que para el remate de esta escena sonase una trompeta con alguno de los *boqueadores* más queridos por Ricard —Chet Baker, Maynard Ferguson, Arturo Sandoval—, pero en el restaurante hay un silencio de comedor con pocas mesas. La última trompeta sigue muerta y expuesta, como un trofeo, en el restaurante de Valencia. A lo único que sopla Ricard, levantando nuevos sonidos, es a la paella, que quema.

LOS PLATOS VERTEBRALES

2001 «Pastisset» de boniato y fuagrás

Nuestro primer aperitivo *autóctono*, mezclando una masa tan genuina y navideña como la del aguardiente y un producto (por entonces) muy gourmet en un ambiente totalmente descontextualizado como era el bar de la piscina de Barx.

2002 «Bollit» valenciano

Revisión del plato típico valenciano por antonomasia. Marca claramente la época en la que intentábamos reinventar la cocina tradicional valenciana.

2003 Arroz de ventresca y pimientos asados a la llama

Nuestro primer plato de arroz basado en un concepto distinto al tradicional.

2004 Café, leche y macadamia

Primer postre *al plato* del cual nos sentimos tremendamente orgullosos. Mezcla matices torrefactos, lácteos, salados, ahumados... Un postre que todavía hoy mantenemos en nuestra oferta gastronómica.

2005

«Tataki» de vieira, gazpacho transparente y sandía-poleo [VER RECETA]

Plato que reúne diferentes técnicas aprendidas de otros cocineros, pero que, a la postre, han perdurado en nuestra manera de trabajar durante muchos años.

La osmotización de verduras y frutas. La decantación de un jugo vegetal hasta conseguir su propia agua de vegetación, tal y como se había hecho hasta ese momento con el tomate, pero con una elaboración terminada como el gazpacho. Esto también nos hizo ver que, muchas veces, distintos cocineros seguimos caminos paralelos trabajando las mismas ideas obteniendo resultados muy parecidos.

2006

«Parmentier» de pulpo, nabo y trufa

Plato que nos abre un camino que todavía estamos transitando en la actualidad: los caldos sin agua, obteniendo la humedad del propio producto y, con esa esencia, construir el sabor del plato.

2007

Guisantes estofados en un jugo yodado de sus vainas

Segundo caldo sin agua. En esta ocasión, el agua de unas clóchinas. Avanzamos un paso más y esa agua la emulsionamos con las vainas crudas de los guisantes. Conseguimos un caldo verde, herbáceo y yodado que utilizamos para estofar los guisantes.

2008

Pescadilla con «velouté» al amontillado
[VER RECETA]

La utilización de los colágenos de una pescadilla para crear un caldo emulsionado con un aceite de perejil. La textura aterciopelada nos recuerda a una *velouté*. Además, acabamos esta *velouté* con una cantidad generosa de amontillado, que añadimos después de la cocción y en frío para que no se desnaturalice el vino.

2009   Arroz de vaca vieja

Posiblemente, el arroz más conceptual que hemos hecho. Cocinado con tendones de vaca y emulsionado con grasa clarificada de lomos madurados durante sesenta días en cámara. Arroz muy intenso y gelatinoso, que rematamos con alcaparras y anchoas.

2010   Sopa fría y ligeramente picante de calamar y pepino

Sopa donde la presencia de picante es bastante significativa. Es el primer plato donde utilizamos la proteína del pescado como clarificante natural, y sin adición de agua. Hacemos, además, un *coupage* con el agua de vegetación del pepino. Caldo fresco, yodado, ácido y picante... Las señas de identidad de nuestra cocina.

2013   Cigalas templadas, calabacín y «velouté» de hierbas
[VER RECETA]

Posiblemente, el plato con el caldo más complejo. Clarificación natural de las cigalas. Emulsión de sus corales cocidos como una inglesa con el mismo consomé. Adición de un pesto de diferentes cítricos y hierbas... Plato que marca muchísimo nuestra línea actual de cocina.

2014   Ensalada de espárragos blancos, manzana, ñoquis de caviar de salmón, jugo de coco y lima kaffir

Plato frío que recoge cantidad de matices y características que, sin duda, son muy representativos de nuestra cocina: frescor, ácido, amargo, yodado, oxidado (de las huevas). Todos al servicio de un especial producto de temporada como es el espárrago.

«Tataki» de vieira, gazpacho transparente y sandía-poleo

Ingredientes y elaboración
Para 4 personas

Para las vieiras

10 unidades de carne de vieira limpia
500 g de sal gorda

Cubrir las vieiras con sal durante 7 minutos. Limpiar y reposar 2 horas. Marcar en plancha, templar y filetear.

Para el gazpacho translúcido

1.050 g de tomate maduro
60 g de pimiento verde
40 g de cebolla
80 g de pepino
2 g de ajo escaldado
9 g de sal
10 g de vinagre de uva chardonnay
10 g de azúcar

Cortar la verdura groseramente. Macerar en cámara, triturar y dejar decantar sobre papel.

Texturizar con 3 gramos de Gelespessa por litro.

Para el almíbar de poleo

500 g de agua
50 g de azúcar
25 g de poleo y sándalo frescos

Hervir el agua con el azúcar. Retirar e infusionar las hierbas tapando durante 20 minutos. Colar y reservar.

Para la sandía

250 g de sandia
125 g de almíbar de poleo
(ver paso anterior)

Cortar la sandía en cubos de 1,5 por 1,5 centímetros.

Envasar el almíbar y sandía con un tiempo de mejora de 30 segundos en la máquina de vacío. Reposar envasado 1 día.

Otros ingredientes

Flor de poleo
Germinado de pepino
Brunoise de verduras crudas
(pimiento rojo, pimiento verde,
cebolla tierna)
Aceite de oliva virgen extra

Presentación

En la plancha, marcar la vieira por las dos partes planas. Cortar en láminas finas. Poner en la base del plato.

Disponer los dados de sandía alrededor de la vieira y, encima, una cucharadita de verduras *brunoise.*

Colocar un par de germinados de pepino y de flores de poleo sobre el conjunto.
Jarrear el gazpacho translúcido y terminar con un chorro de aceite.

Pescadilla con «velouté» al amontillado

Ingredientes y elaboración
Para 4 personas

Para la pescadilla

1 pescadilla de 800 g
4 cocochas de merluza
Sal gruesa
Aceite de oliva

Limpiar, desescamar y filetear las pescadillas, racionar y cubrir con sal gruesa los lomos durante 15 minutos.

Envasar las raciones individuales junto a una cococha de merluza y un chorro de aceite de oliva.

Para el aceite de perejil

100 g de aceite de oliva virgen extra *(arbequina)*
25 g de perejil

En agua con sal hirviendo, escaldar la hoja de perejil, refrescando rápidamente en agua con hielo y sal. Escurrir apretando para que suelte todo el agua.

Triturar todo en la Thermomix y colar por Superbag. Reservar en frío.

Para la «velouté» al amontillado

500 g de espinas de pescadilla
100 g de aceite de oliva virgen extra
10 g de ajo

Poner todo en una olla exprés. Cocer a presión suave durante 30 minutos.

Colar por colador y Superbag y después emulsionar a razón de: 180 g de colágenos, 45 g aceite de perejil, 30 g de amontillado, 5 g de vinagre chardonnay, 1 g de pimienta malagueta, 1 g de xantana, 2 g de emulsionante en pasta.

Otros ingredientes

Aceite de oliva virgen extra
Perifollo

Presentación

Cocer la pescadilla en el Roner 6 minutos a 58º. Escurrir y poner en el fondo del plato. Sobre el lomo, poner la cococha. Cubriremos con la *velouté*, pondremos unas hojas de perifollo sobre la pescadilla y añadiremos unas gotas de aceite.

Cigalas templadas, calabacín y «velouté» de hierbas

Ingredientes y elaboración
Para 4 personas

Para la cigala

300 g de cigala mediana del
Mediterráneo

Para el calabacín

48 g de calabacín
48 g de calabacín rallado
32 g de calabacín amarillo

Sacar bolas de los calabacines, grandes y pequeñas.

Cortar la base blanca y dejar forma de botón.

Aceite

En una sartén, colocarlos con la parte blanca hacia abajo. Cuando empiece a humear, echar aceite.

Retirar a una bandeja y enfriar.

Reservar en flaneras.

Para el pesto de hierbas

4,2 g de cilantro
2,8 g de *citronella*
4,2 g de galanga
2,8 g de hierbabuena
4,2 g de eneldo fresco
0,8 g de hoja de lima kaffir
4,2 g de perejil liso *(hoja)*
10,6 g de albahaca *(hoja)*
25,4 g de lima *(zumo)*
28,2 g de aceite Sucada *(virgen extra)*
0,4 g de Gelespessa *(xantana)*
0,7 g de emulsionante pasta Sosa

Poner todo en un vaso de Pacojet.

Congelar con nitrógeno y pasar hasta que quede polvo.

Con ayuda del túrmix, ir triturando, añadiendo nitrógeno hasta que quede muy fino.

Para el aceite de hierbas

0,03 l de aceite Sucada *(virgen extra)*
1,8 g de hierbabuena
1,8 g de cilantro
1,8 g de albahaca *(hoja)*
1,8 g de perejil liso *(hoja)*

Deshojar las hierbas, escaldar en agua y refrescar en agua con hielo.

Enfriar el aceite.

Triturar todo en la Thermomix y colar, presionando, por Superbag.

Para los colágenos de rape

355 g de rape *(huesos y cabeza)*
4,4 g de perejil liso *(hoja)*
44 g de agua mineral
17 g de ajo seco chafado *(morado)*

Poner todo, cortado pequeño, en una olla exprés.

Hervir 40 minutos. Reposar y colar.

Para la infusión de cigalas

11,8 g de cigalas *(corales)*
0,07 kg de cigalas *(cabeza y patas)*
0,17 kg de colágenos de rape
(ver paso anterior)

Triturar las patas y cabezas con los colágenos del rape.

Poner a hervir todos los ingredientes. Colar y reservar.

En el caldo resultante, poner los corales y cocer a la inglesa.

Triturar, emulsionar y colar.

Para la «velouté» de cigalas y hierbas

100 g de infusión de cigalas
(ver paso anterior)
30 g de aceite de hierbas
(ver paso anterior)
30 g de pesto de hierbas
(ver paso anterior)
0,7 g de Gelespessa *(xantana)*
1,4 g de emulsionante en pasta
1 g de sal
0,2 g de pimienta malagueta

Emulsionar todos los ingredientes con la ayuda del túrmix, pasar por colador fino y reservar.

Para el «mezclum» de cigalas

0,6 g de germinado de cilantro
0,6 g de hierbabuena
(solo cogollitos)
1,3 g de germinado de albahaca
1,3 g de germinado de rúcula
0,3 g de eneldo fresco
120 g de botones de calabacín
160 g de cigalas *(colas limpias)*
200 g de *velouté* de cigalas
y hierbas
4 g de cebollino *(picado)*
4 g de *mezclum* de cigalas

Seleccionar, limpiar y reservar hasta el momento del pase.

Presentación

Atemperar las cigalas con aceite y sal en la salamandra junto con el calabacín previamente.

En el plato, intercalar botones y cigalas.

Disponer encima el *mezclum* de cigalas.

Jarrear la *velouté* en mesa.

MARCOS
MORÁN

La viga maestra

Marcos Morán trabaja bajo un peso considerable: los ciento treinta años de Casa Gerardo, en Prendes (Asturias), uno de los restaurantes más antiguos de España y del continente. Sin renunciar a la fabada, bucea en el Cantábrico en busca de un localismo que sea universal. Siempre al lado, el padre y mentor, Pedro Morán.

MARCOS MORÁN

La viga maestra de Casa Gerardo, en Prendes, colocada hace más de ciento treinta años, sobrevuela la cabeza de los clientes felices en uno de los comedores con solera. Es la demostración física de la pervivencia. Tocas esa traviesa monumental y la madera y su solidez penetran en tu cuerpo. No hay carcoma en la casa, en la comida, en la filosofía.

El comedor vidriado dentro de la cocina, construido en 2006, deja a la vista el espectáculo de la cazuela secular y de la tecnología ansiosa.

Lo viejo y lo nuevo. La viga fundacional y el comedor refundado. Pedro y Marcos Morán. La fabada más antigua del mundo y las verduras y brotes aliñados con el jugo de la fabada.

Miss Carreño

La viga fue cortada en 1882 por el ebanista Demetrio, el bisabuelo de Pedro. Bajo el madero creció la casa. Incluso antes de ser restaurante notable, Casa Gerardo servía a la calle. Siempre ha estado al servicio de la calle, y ha contado con el afecto y la regularidad de los poderosos.

Demetrio puso la viga y le dio nombre, Casa Demetrio. Después llegó el yerno, Gerardo, y le puso nombre, Casa Gerardo.

Pedro y Marcos lo han mantenido. «Yo lo conocí todavía con postas. Paraba el autobús, dejaban el correo. Mi abuelo Gerardo transportaba al médico con su carro. Era un médico para toda la zona. Pasaron juntos muchas madrugadas. Siempre se trataron de usted.» De usted, evoca Pedro. Ya solo se tratan de usted las gentes del sur.

En Casa Demetrio se celebraban los bailes dominicales a las 3.30 de la tarde con la gramola en una esquina. Los sábados había cine, que iluminaba la aldea de Prendes con destellos de otros lugares.

Eligieron allí a Miss Carreño. Centro social, ombligo pequeño de Prendes.

Esas eran las cosas que hacían entre servicio y servicio para dar una tregua a la bisabuela María, la mujer de Demetrio, que cocinaba una tortilla de cebolla de la que aún quedan ecos. Los callos, la ternera rellena, el pollo tomatero, la lengua escarlata.

El nieto de Gerardo

Demetrio y María tuvieron una hija, Benigna, que se casó con Gerardo Quirós. Esta casa de Prendes, en el concejo de Carreño, lleva un nombre masculino y, en realidad, ha sido construida en femenino. Nació Ángeles Quirós, que se casó con José Manuel Morán.

Y, al fin, apareció Pedro Morán Quirós (Prendes, 1953). «Siempre se comió bien en casa, lo que da una memoria gustativa importante. Mi educación, mi formación fue en torno a la comida. Gerardo fue el profesor, un auténtico gourmet, un perfeccionista. Su hija, Ángeles, mi madre, empezó en la cocina a los catorce años y se jubiló con setenta y pico.»

A la vuelta de misa, desayunaban tortilla. «Delgadísima, casi una hoja.» La tortilla de la bisabuela María, que heredó la abuela Benigna, que heredó la madre Ángeles.

A veces, Marcos la pide a su abuela. El sabor de esa tortilla crece si se come, fría, al día siguiente.

El bisnieto de Gerardo

Marcos Morán Suárez (Prendes, 1979) rememora al bisabuelo Gerardo: «Con ochenta y ocho años era mi canguro.» Marcos dice *babysitter*. Temible *babysitter*. Marcos es hijo de Pedro y Ángeles Suárez, la jefa, y hermano de Marta, responsable de la sala. El de los Morán es un mundo de Ángeles.

Resumamos: Marcos iba para periodista, estuvo un año en Madrid y, lejos del Cantábrico y sus prados de sal, descubrió que deseaba regresar al paraíso de la fabada y el arroz con leche. De niño, Marcos solo quería tomar el arroz con leche requemada de la abuela Ángeles. Lo pedían en otros restaurantes para comparar y el niño, aterrorizado, lloraba con lagrimones de *fabes*. Luego intentó ser periodista y alejarse de ese edén de nata.

Pedro recuerda cómo, al principio de un verano, cargó los bártulos del hijo en el coche y a mitad de camino, tal vez sobrepasado León, Marcos le dijo que no volvería a Madrid.

Por fortuna. Marcos es cabeza visible de esa nueva generación de gamos gastronómicos, herederos y, a la vez, regeneradores. Un tipo de mente ágil y muslo duro. No es fácil manejar el legado. ¿Cómo ser uno y ser todos los demás? ¿Cómo ser Marcos y ser Pedro y ser la abuela Ángeles y ser la viga heroica?

Pedro ha dejado que Marcos se apropie de la casa. Respira hondo el padre, liberado, porque está convencido —aunque no se lo diga al hijo para que no fanfarronee— que está en condiciones de administrar los ciento treinta años de historia.

El salmonete y su hígado

«El papel de mi padre es más de patrón que de ejecutante.» Hace casi una década, por redondear, que Marcos capitanea. Pedro se comportó como un pescador paciente, le fue dando sedal. Marcos habla de tándem antes que «de bicis en paralelo». Los dos pedalean en el mismo sentido. Marcos va delante.

En 2007, cuando la viga era una servidora con ciento veinticinco años, el hijo puso sus propias traviesas: la navaja sobre grasa de almendra, las quisquillas a la brasa con vinagreta de panes secos y el salmonete y su hígado.

La navaja: «Escaldada tres minutos a 62 grados.» Un plato de una magistral simplicidad. Desposeído, austero y limpio. La navaja resbala sobre la grasa del fruto seco: una versión cantábrica del *snowboard*. Navajas pescadas a mano por los buzos. Las capturan cuando el sifón se encuentra a la vista, lo que impide la entrada de arena.

Las quisquillas a la brasa: en Asturias, las quisquillas se hierven; en Casa Gerardo se asan. Un sacrilegio, ¡antiasturiano! Que escalden a Marcos. El resultado es glorioso.

El salmonete y su hígado. Bichos de 500 gramos con unas entrañas de toro. Se come primero la víscera, el fuagrás marino, y después, al eviscerado dueño. El hígado graso unta la boca, la recubre, la prepara para el lomo del pescado.

La nueva-vieja fabada

La principal operación aritmética de los Morán es la suma. Nunca restan. La fabada o el arroz con leche, esa arqueología, siguen siendo pilares. Aunque la fabada es otra, nueva-vieja.

¿Cuál fue la revolución? Las *fabes* de la fabada son frescas, sin secar, congeladas en arcones frigoríficos.

En 1987, Pedro hizo el milagro: civilizar el plato sacramental sin que los integristas le quemasen el restaurante. «La aligeré. Fue una actualización porque parto de la base de que nunca superaré el original.» Sensato. «Sí, pero fui criticado.» La *faba* fresca llegó en 1995. En 1998, mitad seca, mitad fresca. En la actualidad, 95% fresca.

A principios de octubre la envasan al vacío. En bolsas de tres kilos. Unas dos to-ne-la-das. De cabos de Pravia, de la cuenca del Narcea, de Villaviciosa.

El razonamiento: «Fresca precisa menos tiempo de cocción. Y no es necesario el remojo. El tamaño es uniforme. No rompe. Absorbe menos grasa en la cocción. No se le nota la piel. Más mantecosa en el paladar. Ausencia de manchas. Ausencia de gorgojos. Mantiene las mismas cualidades a lo largo de todo el año gracias a la congelación.»

La fórmula moraniana

- Sacar las *fabes* del congelador.
- Lavar con agua caliente.
- En una olla, 6 litros de agua, 6 kilos de *faba* y 200 centilitros de aceite de oliva.
- En otra olla, 8 chorizos, 6 morcillas asturianas de sangre, 125 gramos de panceta de cerdo ibérico (previamente desalada).
- A los 7 minutos, agregar el embutido (*compango*) a la olla de las *fabes*, desechando el agua donde han cocido.
- Hervir 20 minutos.
- Azafrán.
- Añadir el sofrito: aceite de oliva, cebolla y pimentón.
- Rectificar de sal.
- Apagar el fuego y tapar. Muy importante: nunca remover con cuchara, sino sacudiendo el recipiente.

La fabada más antigua del mundo

La *faba* es tan asturiana como la gaita, y suena igual tras pasar por el estómago.

Ingrediente indispensable del *pote*, del potaje (con berza, patata y nabo), se entiende con las almejas. Y con la nécora y el bogavante.

En 1884, el diario *El Comercio* publicó una nota sobre lo bien que casaba el cerdo con la *faba*. Lujuria, manteca, arrebato. Los de *El Comercio* fueron visionarios. Demetrio abrió la posta dos años antes de la revelación.

Podemos concluir que la fabada de Casa Gerardo es la más antigua del mundo.

«Antes había que poner las *fabes* secas a remojo entre 12 y 15 horas. Se utilizaban ollas altas, de porcelana. A mitad de la cocción se vaciaba de caldo y solo quedaba la legumbre y la parte de cerdo. Con fuerza, daban dos meneos a la olla para que las *fabes* de abajo pasasen arriba. Y se añadía de nuevo el caldo. La operación era complicada porque la olla pesaba mucho. Y mi madre era capaz de hacerlo.»

La abuela Ángeles

Ángeles Quirós es menuda. Cocinera formidable, fue el emblema de esta casa durante los años duros y pelones, cuando un cabo que se creía general gobernaba en El Pardo. En los tiempos del turismo intérior y el menú de pollo triste y cojo, Ángeles Quirós refinó la cocina asturiana y de sus manos sin harina salió la crema de nécoras (1960), que permanece en la carta dos mil años después.

A veces Ángeles entra en la cocina sideral de 250 metros cuadrados a echar un vistazo. Asiente ante los experimentos del nieto y, sin comprender del todo, o comprendiéndolo todo, regresa a la vivienda, en la parte posterior del restaurante.

«Nunca quise defraudar a mi madre», dice Pedro, que a mediados de los setenta cogió el recetario de Ángeles y le quitó lastre y grasas y prehistoria. Ángeles hubiera querido que Pedro fuese abogado, un oficio limpio. A él le tentaron las empresariales, donde se sumergió dos años en un caldo de números, pero su destino cierto estaba en la fabada. Eran los días de la nueva cocina vasca (1976), con Juan Mari Arzak como comandante en jefe, y Pedro buscaba la vía prematura de una nueva asturianidad: «Asturias estaba cerrada. Aún no era una autonomía gastronómica.»

Un día, el abuelo Gerardo le hizo una pregunta que permanece en su cabeza: «¿Tú qué quieres, el éxito o el dinero?» No supo responder y Gerardo aconsejó: «El éxito, porque el dinero viene después.»

El final de los setenta y principios de los ochenta fueron los años de la ensalada de *santiaguinos*, los pimientos rellenos de chipirones, las alcachofas con erizos.

1978 salió malo. El hermano de Pedro, Marcos, murió atropellado en la carretera, frente a Casa Gerardo. La carretera, fuente de riqueza y de desgracias. Sigue allí, como un sudario de alquitrán. El año 1979 fue bueno. Nació Marcos.

Marcos dejó el periodismo y cogió el cuchillo, otra escritura. Asistió a la escuela de Hostelería en Gijón y completó la enseñanza en Catalunya, en el Aula Chocovic con Albert Adrià, en Ca L'Isidre, en El Celler de Can Roca... Un chef de postres volcado en lo salado.

«Le vi maneras, futuro, mucha cabeza, retentiva, habilidad para coger cosas...», detalla Pedro. Marcos responde con sorna al elogio: «Mi padre es el peor cliente de la casa.» De vez en cuando se sienta a la mesa y pide la carta entera para examinar. Un juicio temible. ¡El patrón quiere comer!

El tiempo de Marcos

Este es el tiempo de Marcos, casado con Carolina, cocinera; padre de Tomás, nieto de Pedro, bisnieto de Ángeles, tataranieto de Gerardo. La sexta generación, si algún día quisiera hacerse cargo de la viga y sus responsabilidades.

Como dejó sentado Pedro, la de ellos no es cocina de producto: «Cocinamos producto.» Bien visto. Cocinan Asturias y su mar y sus ríos y sus tierras. Las ostras del Eo, que entre 2010 y 2014 han sido escabechadas, escaldadas o estofadas. Incluso cubiertas con plancton gaditano que les envía Ángel

León como unión de mares y personas. Ambos, Marcos y Ángel son cómplices en esa cofradía de jóvenes, y no tan jóvenes, que han refrescado la vanguardia. Cocineros que han aprendido la lección de los mayores y saben que la artesanía tecnificada debe tener base financiera. Marcos envasa la fabada y el arroz con leche, organiza banquetes y viaja a menudo a Londres para vigilar Hispania, el restaurante en la City, y en todas esas operaciones subyace la misma necesidad de supervivencia.

¿En qué está Marcos? En no traicionarse, ni traicionar. Coger un ingrediente, quitarle lo menos posible y añadir lo justo. Antes se ha dicho que cocina Asturias: la baña con aliños lejanos, lo que refresca el territorio. Quisquillas con piel de patata. Salmonetes con una textura cremosa de soja y miso blanco. Erizos con ajo negro y jugo de ibérico. O ese trastorno bipolar de añadir el kiwi a un postre que se titula *Asturias*. Hace décadas que el kiwi es asturiano.

A la búsqueda del botín

Rubiel, lenguado fino, salmonete, centollo pelón, navaja gallega. En el Mercado del Sur de Gijón, en la parada de Pescados Pedro, un bogavante considerable y pinzador que después será sometido a tormento: un golpe en el honor de vapor para quitarle la armadura; desnudo el cuerpo, lo hundirán en aceite hirviendo. El trabajo medieval respeta la carne del bicho, churruscada por fuera, jugosa por dentro. Una maravilla: una técnica poco usada con el marisco.

Cargados con el submarino rojo, subirán al coche para ir a dar caza al legendario *pitu de caleya*, un pollo enorme y peleón. Cerca de la playa de Antromero, en el concejo de Gozón, pollos de cuatro o cinco kilos y ocho meses de edad. «Se alimentan de hierba, maíz, comida casera. La carne es tersa, dura, negra», explica el domador.

Los *pitus* son altivos y gigantescos, la cresta como una mancha ondulada de sangre o una mano amenazadora. Los pollos se pelean y la guardiana, la *kika*, una gallinita de un kilo, les da picotazos en el cogote. La pluma separa a los pesos pesados. Una gran lección. La *kika* es astuta. Dos monstruos se lanzan contra ella, se agacha y los plumíferos chocan. Nunca hay que provocar a la *kika*. Su inteligencia la amnistía de acabar en la cazuela.

No así al *pitu*, guisado con *patatinos.* Y el bacalao, con pisto y mayonesa. Y las *fabes,* con almejas. Y el cochinillo confitado y rustido, con milhojas de calabaza. Padre e hijo han querido explicar las dos cocinas que se complementan en la carta: los clásicos acabados de citar y los que serán clásicos, este presente-futuro.

Y la fabada eterna, la fabada más antigua del mundo, la fabada de Marcos y de Pedro y de Ángeles, que contempla intrigada el ajetreo, la fama, la evolución del hijo y del nieto, la diligencia de la nuera, el engrandecimiento de este restaurante que ella inventó al pie de una carretera por la que ha pasado el siglo.

De repente, Ángeles confiesa que la fabada no es el plato predilecto: «Me gustaron siempre los *potes* suaves. Pero si tengo que elegir prefiero la *faba* fresca a la seca.» «¡Más kilos que hizo mi madre!», apunta Pedro, admirado.

«La fabada es la fabada. No evoluciona. Lo otro es *fabes* con alguna cosa», tercia Marcos, rendido al temor ancestral de deconstruir el plato-panteón de Asturias.

El maestro Manuel Vázquez Montalbán dejó escrito sobre las legumbres sensuales de Casa Gerardo: «Hay que probarlas una vez en la vida, como una vez en la vida hay que ir a La Meca.» El viaje es incompatible con la vianda: lleva cerdo. Pero Manolo era un sabio. Y defensor del pacto entre quiénes fuimos y quiénes somos.

La viga centenaria y la cocina del siglo XXI. Pedro y Marcos. La fabada más antigua del mundo y las verduras y brotes aliñados con el jugo de la fabada.

LOS PLATOS VERTEBRALES

1987   La fabada de Prendes (con «fabes» frescas)

La fabada llevaba años (décadas) haciéndose en Casa Gerardo, pero es en 1987 cuando se empieza a utilizar en su elaboración la legumbre en fresco. Esto le da una nueva cota. Nunca más volvimos en CG a las *fabes* secas y nunca más se habían comido fabadas tan cremosas, digestivas y modernas. Mi padre hizo vanguardia con el plato tradicional por antonomasia de la gastronomía asturiana. *¡¡¡Chapea, papá!!!*

1994   Croquetas del «compango» de la fabada

En la actualidad es muy común encontrar en las cartas de los restaurantes asturianos croquetas de *compango*. Desde chigres (sidrerías de porte humilde) hasta elegantes restaurantes han incluido las croquetas del componente cárnico de la fabada en su oferta. A día de hoy parece un clásico, pero si estas de 1994 no fueron las primeras, al menos son las primeras de las que tenemos constancia. *¿Puede un plato en tan solo quince o veinte años convertirse en tradicional?*

1999   Almejas a la marinera de otra manera

Me sumo al restaurante en el verano de 1999, con diecinueve años, y el primer plato que recuerdo que incorporo a la carta son estas almejas que se salsean con la salsa de otras, más concentrada. Se combina la almeja casi al natural, tibia, con el gusto a cocinado de una marinera, ligada y sedosa al paladar, con todo el sabor del molusco. En aquellos momentos, cocinaba más por intuición que por conocimiento, pero *el instinto siempre estuvo bien premiado en la cocina.*

2000   Bocadillo crujiente de quesos asturianos

Mi primer gran plato o, al menos, el que ha perdurado hasta nuestros tiempos. Uno de los iconos de la gastronomía asturiana, los quesos, encerrados en un bocado crujiente (pasta filo), dulce y salado... Un aperitivo que tras más de catorce años sigue en nuestra carta y seguirá. *Nunca traicionamos a nuestros mejores aliados: los grandes platos.*

2001   Bogavante con vinagreta de corazones de tomate

Uno de los productos que más se valora en Asturias: el *bugre*. Bogavante cocido en agua de mar, refrescado y acompañado del corazón del tomate, sus semillas aliñadas con vinagre de arroz (sutil y aromático) y aceite de oliva. *Un plato ganador.*

2002   Cigala, pasta y berza asturiana

Posiblemente este sea el plato más *gourmand* que tengo en mi baúl de los recuerdos. Une muchas de las cosas que busco en un plato de restaurante popular (productos asturianos, gustos conocidos, manjarosidad), pero con la elegancia que lo hace plato de restaurante atemporal. Cola de cigala limpia levemente marcada en plancha. Hoja de berza asturiana escaldada pero aún crujiente, lámina de pasta translúcida que cubre el conjunto. Jugo de cabezas de cigala lleno de sabor. *Placer gourmand.*

2003 · Bacalao B&N

Los premios no hacen más que indicarte que el camino elegido es el acertado y cuando te los dan, joven y recién llegado, son un acicate para intentar ser siempre más y mejor. El bacalao blanco y negro (lomo de bacalao a la trufa, polvo de calamar y espuma de leche quemada) era un síntoma de que nuestro camino se estaba construyendo sobre bases sólidas. En 2013, cuando el plato cumplió diez años, lo rehicimos y descubrimos que en diez años la percepción de las cosas cambia muchísimo. *¿Quién sabe cómo será el plato en 2023?*

2004 · Mandarina al óleo

Primer postre de importancia dentro de mi andadura. La utilización del aceite de oliva en la parte dulce de la casa siempre me ha gustado y, sobre todo, ligada a los cítricos. Pero lo que más importancia tiene para mí en este plato no es ni la sopa de mandarina, ni el aceite de oliva variedad royal, ni siquiera la *ganache* de choco negro y aceite. El elemento que me hizo avanzar en las construcciones dulces fue el helado de piña asada que lleva el plato. Helados con sabores al cuadrado. Desde entonces intentamos hacer *«helados de»*, no *«helados con sabor a»*.

2005 · Salmonete, esencias y patata

En 2001/2002 pasé unos meses con la familia Roca en el antiguo Celler. Fueron momentos inolvidables que reforzaron mi idea de vida y que me certificaron que mi vida iba a estar en torno a un fogón. Era la época de la eclosión del Roner y la cocina al vacío. Años después empezamos nuestra relación de amor con el salmonete, su cocción a baja temperatura (62°) y su servicio sin *maillard*. Pieles de pescados brillantes que funden sus grasas en carnes nacaradas de sabores intensos, elegantes y desnudos. *Un producto fetiche.*

2006 · «Chips» y palomitas de «fabes»

En 2006 se culmina el trabajo de mi abuela Geles y de mi padre respecto a la fabada y, sobre todo, en torno a las *fabes* frescas. Desarrollamos recetas alrededor de nuestra legumbre. Ideas sencillas y gustosas como la propia fabada o la crema de *fabes* sin piel o locuras como las *chips* de semillas de *faba* frita, muy similar a una almendra tierna. O las palomitas de *fabes* que nacen del aprovechamiento de la piel escaldada en almíbar y garrapiñadas con un toque de sal. *Exprimimos el producto y demostramos que siempre se puede llegar más allá.*

2007 Navaja en grasa de almendra [VER RECETA]

Los moluscos son hoy uno de los campos fetiches en mi cocina. Y si lo son, es, especialmente, por este plato. Navajas de buceo de calibre quimérico, exaltación del producto. Cocción milimétrica. Tratamiento con el producto vivo minutos antes de su consumo. Combinación con grasa vegetal que aporta untuosidad y profundidad de sabor al plato. Uno de los platos que más hemos visto imitados y por los que más orgullosos nos sentimos. *Un plato que marcó mi trayectoria.*

2008 La manzana: cóctel sólido/postre de manzana 100%

El origen de la bebida de Asturias. Qué más asturiano que empezar con un gajo de manzana. Un gajo con más sabor que el de la propia manzana. Impregnado en zumo de ella misma y un porcentaje de aguardiente. Un golpe de Asturias para empezar a comer. Y si el inicio te sitúa en el territorio, el final ha de ser un retorno al comienzo. Láminas de manzana escaldadas, gajos de manzana asada, otros de manzana oxidada y endulzada por el tiempo, contrastes de haba tonka y piel de naranja... todo cubierto por un etéreo aire de aguardiente de manzana. Manzana principio y fin.

2009 Ahumados

La fabada causa y ha causado mucho respeto en mi familia. Es emblema y santo y seña de la casa. En 2009 por primera vez empezamos a «perderle ese miedo». Empezamos a utilizar la fabada como ingrediente dentro de otras recetas. En este caso el jugo de la fabada. Decantado y posteriormente ligado en la proporción de caldo y grasa que más nos gustaba. Lo acompañamos de anguila ahumada, huevas de trucha ahumadas y el toque fresco y ácido de cebolleta y piparras. Lucha de anguila y jugo de *fabes*... *lucha de humos.*

2010 El centollo

Comerse un centollo de un sorbo. Sintetizar todo el gusto, la potencia, el yodo, la salinidad, la gula que da la cabeza del centollo en una crema hecha exclusivamente de la coagulación de la proteína del centollo. *Un centollo para tomar en chupito.*

2011 Cigala, café, cigala, café [VER RECETA]

La reina del mar unida a uno de los gustos que más he potenciado en mi cocina, el amargo. Cola de cigala hercúlea, sellada en plancha sin que llegue a tostar, pues el tueste se lo aporta un aceite torrefacto de café. Pero esto es solo la guarnición. Al lado de una galleta salada de café, aparece una tacita de té que contiene la infusión de las cabezas del crustáceo. *La hora del té nunca fue más satisfactoria.*

2012 Pétalos de rosa

Si hay una verdura con la que me identifico es el nabo. Por asturiano, por poco utilizado, por original, por textura, por ductilidad. Desde hace años, siempre aparece en nuestro menú un plato con nabo. Uno de los más especiales fue este: láminas de falsas rosas que no son otra cosa que láminas de nabo teñidas con zumo de fresas y rosas, acompañadas de un chantillí de vainilla y de un sorbete de fresas y aromáticos. *Las fresas con nata más bellas.*

2013 Panza de cochinillo con chilmole

Nunca he escondido mi interés por las cocinas foráneas. Japón, China, Corea, Italia, Perú, Brasil y, sobre todo, México son fuente de inspiración para que aun manteniendo nuestro origen asturiano, nuestra oferta gustativa crezca y sea más rica. En este caso, nos aprovechamos del chilmole, una pasta de mole quemada con gusto torrefacto, añejo, picante y ácido. Lo usamos para contrastar la parte más melosa y lujosa de un cochinillo, su panza. *Una ventresca de tierra sobre un barro mexicano.*

2014 Cocochas planctónicas [VER RECETA]

Uno de los productos más elegantes y delicados. Tratados con el respeto que merecen, tan solo confitadas en un aceite aromático de ajos. Servidas con sus compañeras de viaje más comunes. Un pilpil hecho con sus cabezas. Una salsa verde con cardo y puerro fresco. ¡Ah! Y, naturalmente, todo aderezado con el oro verde que me regala mi amigo el Chef del Mar: el plancton. *Unas cocochas como siempre las habíamos soñado.*

Navaja en grasa de almendras

Ingredientes y elaboración
Para 4 personas

4 navajas bien lavadas de arena
20 cl de aceite de oliva 0,4
50 g de pasta de almendras
50 cl de aceite de oliva 0,4

Envasar las navajas con los 20 centilitros de aceite de oliva. Por otro lado, unir la pasta de almendras con los 50 centilitros de aceite de oliva.

Escaldar las navajas a 70 ºC durante 10 minutos. Sacar de la bolsa, abrir las navajas enteras y presentarlas en un plato hondo. Ligar el aceite de las navajas con la grasa de almendras.

Presentación

Se presentan las navajas en un estado lo más aproximado a su ser natural. El acompañamiento ideal para un molusco es una grasa; en este caso, la grasa de almendra, aportándole a su vez un contraste salado-salado.

Cigala, café, cigala, café

Ingredientes y elaboración
Para 1 persona

Para la cola de cigala

1 cola grande o dos medianas   Marcar peladas en la plancha solo por una cara.

Para el aceite de café

200 g de aceite de girasol
8 g de café   Infusionar en frío un mínimo de 6 horas. Colar y reservar.

Para el consomé de cigalas

150 g de aceite de oliva suave
1.500 g de cabeza de cigalas
5 dientes de ajo
200 g de cebolla picada en juliana
300 g de tomate rama
1 guindilla cayena
150 g de pimiento rojo
150 g de pimiento verde
7 l de agua
65 g de sal
125 g de Pedro Ximénez
125 g de fino
125 g de oporto

Rehogar ajo, cebolla, pimientos, cayena y tomate a fuego muy suave durante 1 hora.

Añadir las cabezas de cigalas y hervir a fuego suave durante 30 minutos. Agregar los alcoholes. Salar y mojar con el agua. Cocer un mínimo de 3 horas a fuego muy suave sin que llegue a hervir. Rectificar y filtrar.

Reposar en cámara 24 horas y decantar. El resultado ha de ser un jugo rosáceo translúcido.

Para la galleta de café

100 g de azúcar
100 g de almendra
60 g de harina
25 g de cacao
20 g de café molido 100% Colombia
80 g de mantequilla
20 g de sal

Amasar todos los ingredientes hasta conseguir una masa homogénea. Estirar con rodillo. Dar la forma deseada y hornear 10 minutos a 150 °C.

Para el consomé meloso de cigalas

1 l de consomé de cigalas
(ver paso anterior)
4 g de iota

Unir iota y el consomé frío de cigalas y llevar a ebullición.

Presentación

Es un plato en tres servicios. En el primero, ponemos la cigala pasada por la plancha y atemperada en un pequeño plato hondo. La aliñamos con el aceite de café y la cubrimos con el consomé meloso bien caliente, de manera que cuando nos llegue a la mesa vaya cogiendo textura y terminemos de comer la cigala con el jugo.
Por otro lado, en una taza de café servimos el consomé puro de cigalas.
Y, por último, en medio de la degustación del plato ponemos la galleta de café salada.

Cocochas planctónicas

Ingredientes y elaboración
Para 1 persona

3 cocochas
Plancton *tetraselmis by* Chef
del Mar (Ángel León)
Salsa verde tradicional
(de almejas con perejil)
Cardo cocido
1 k de cabeza de merluza
500 g de aceite de oliva suave
1 diente de ajo con piel
1 guindilla cayena pequeña
1 chalotiña de mar

Lo primero será envasar al vacío, junto a la cabeza de merluza, el aceite, el diente de ajo y la guindilla. Poner a confitar a baja temperatura (en torno a 60 ºC) durante 5 horas.
Enfriar. Una vez frío, colar el resultado.

Separar el aceite y la gelatina resultante. Montar con el
túrmix como si fuese una mayonesa. Poner a punto de sal
y mezclar 500 gramos de la mayonesa con 1 gramo de
plancton.

Por otro lado, envasar al vacío las cocochas con aceite de oliva y punto de sal. Cocinar a baja temperatura a 62 ºC durante 1 minuto.

Calentar 100 gramos de salsa verde con 0,5 gramos de plancton y dos daditos de cardo cocido.

Presentación

En un plato hondo pequeño, poner una cucharada de pilpil de plancton. Encima, el cardo en salsa verde. Encima, las cocochas recién cocinadas. Terminar con un poco de salsa verde. Y una chalotiña de mar escaldada.

PACO
MORALES

El Pequeño Califa

Paco Morales es el único del 11 titular que aún no tiene restaurante propio. Lo tuvo, lo perdió y está armando otro, Noor, en Córdoba. El cocinero va hacia la luz. Pionero en el uso de las impresoras 3D, armoniza el Poder Verde con el Poder Tecnológico. Este capítulo es un retablo con tres escenas; la última, sugerida.

PACO MORALES

BOCAIRENT 2011
Escenas en un jardín

Paco Morales (Córdoba, 1981) es inquieto, la mecha prendida de un cohete. Se muerde las uñas hipnotizado, sin darse cuenta, como en trance, la cabeza en algún otro sitio y la cutícula en la boca. Juzgar sus uñas no es un asunto menor.

✳ ✳ ✳

Entrar en el Hotel Ferrero, en Bocairent, a 100 kilómetros de Valencia tras atravesar la sierra de Mariola, es dejar el mundo atrás. Pasada la verja automática, el largo camino entre flores pujantes, arbustos ásperos y árboles derramados permite alejarse poco a poco de uno mismo. Al presentarte en recepción ya eres otro.

✳ ✳ ✳

La masía del siglo XIX, que en 2002 adquirió con un revés el tenista Juan Carlos Ferrero, está pintada de azul celeste. Es una de aquellas mansiones rurales con torre que los terratenientes valencianos construían para los estíos de camisa arremangada y jarras de limonada fría en la mesa de azulejo. Se atusaban el mostacho, observaban con disimulo a las amas de cría y, al atardecer, paseaban con la berlina y el caballo trotón.

La finca de 100.000 hectáreas permite que la frontera con el mundo real se encuentre lejos.

✳ ✳ ✳

En febrero de 2009, Paco llegó al hotel en busca de la salvación. Huía de Madrid. Huía de Madrid donde desde noviembre de 2007 había arrollado de una manera salvaje, inapelable, aún inmaduro para el triunfo excesivo.

El padre de Paco se llama Francisco y es cocinero. El salmorejo es una herencia. En el obrador de El Asador de Nati, en Córdoba, el señor Francisco guisa rabo de toro y los clientes mugen de contento.

«A los doce años, en lugar de jugar a la pelota, estaba obligado todos los fines de semana a trabajar en el negocio. Era frustrante. Freía pescado, preparaba el salpicón de marisco. Aún tengo las yemas cortadas de darle al cuchillo. No me dejaba terminar los guisos. Cocinaba el magro con tomate, la cebolla superpochada. Pero él tenía que acabarlo, darle el punto.»

Paco enseña las yemas talladas por aquel cuchillo infantil y desgarradas por esos mordiscos de la edad adulta.

«Siempre he buscado mi lugar. Estoy en construcción. Me voy haciendo.» Impaciente, receloso, desasosegado, hipercrítico.

Es recomendable que se centre para que le crezcan las uñas.

«Mi defecto es que soy un agonías, tengo que aprender a no agobiarme. Mi virtud es la constancia. Y la creatividad. Soy creativo pero prudente. Aprendí a ser reflexivo en Mugaritz.»

Andoni Luis Aduriz es el maestro: le picó la vena con varios chutes de vegafilia sin matarlo de sobredosis. Vegafilia: el amor por los vegetales. Lo fue todo en Mugaritz, cocinero e investigador, mano derecha de Andoni. En algún momento de la conversación se calificará como un «bruto» antes del lijado en el País Vasco.

✳ ✳ ✳

Córdoba, Marbella, Zaragoza, Bilbao, Errentería, cala Montjoi, Londres, Madrid: los apeaderos en el camino de Bocairent.

«La cocina se aprende en los fogones», sentenció el señor Francisco, y a ese lema ardiente se acogió Paco para dejar la escuela. Como muestra de adicción —y fidelidad— recuerda cómo llevaba al baño con discreción la revista *Gourmet*, pornografía gastronómica en lugar del usual *Playboy*. Qué adolescente más raro.

Un día vio al cocinero Bixente Arrieta en el mensual *Ronda Iberia* y pensó: «Quiero trabajar con este tipo.» Y en 2001 pidió ser acogido en el restaurante del Guggenheim, donde Bixente y Josean Alija, tres años mayor que Paco, pintaban de verde la cubierta de titanio.

A continuación lo captó Andoni para Mugaritz. Después, El Bulli, el futurismo y la cocina de metrónomo. Y Mugaritz otra vez. Y Mugaritz para siempre porque se enorgullece del legado, así como del salmorejo del señor Francisco.

Entre enero de 2008 en Madrid y el verano de 2011 en Bocairent, el comensal especializado percibe evolución y correcciones: el chef se ha expandido como el mercurio fuera del termómetro.

En aquel invierno de hace dos años y medio parecía oprimido por una chaquetilla con tres tallas menos: una cocina apretada en un comedor apretado, el del Senzone del Hotel Hospes de la Puerta de Alcalá.

Entonces estaba casado con la sumiller Rut Cotroneo, con la que hizo la mudanza al Hotel Ferrero, si bien el matrimonio perdió gas como el cava abierto durante demasiado tiempo.

En Senzone, Paco enganchaba con el bacalao con costra con cebolleta tierna, lentejas y panceta crujiente y desencantaba con la cañaílla con kiwano y guisantes. Cada día escuchaba a críticos esclarecidos y gourmets con sotabarba que le aconsejaban —de ese modo arrogante que aparenta cordialidad— qué tenía que hacer y qué no.

«Fue muy agobiante. No estaba preparado para ese éxito. Fue una retirada, quería encontrarme.»

✳ ✳ ✳

Escribamos el menú con vocabulario de tenista.

Bola rápida: néctar frío de brandada, anchoa y corazón de lechuga.

Tierra batida: royal de apio, chopitos, habas y aceite de guindilla.

La cinta elástica del cabello: aguacate cubierto con polvo de tomate, cebolla cítrica y ajos tiernos.

Juego sobre hierba: la menestra con 20 verduras y láminas de tocino, mecano que se construye con el verdegal de temporada.

La bola en el límite, valentía y acierto: la ostra con ¡queso y fondo de cordero!

Carrera hasta la red: los guisantes con tuétano y fondo tostado de gallina.

Bola contundente, imparable, espectacular: los caracoles crujientes, hinojo y bechamel con quisquillas crudas.

Paco Morales

Muerte súbita: *Mercado en el plato*, agua de tomate, cuscús de coliflor, nabo, espárrago blanco crudo, mini zanahoria, rosa, flor de verdolaga, achicoria, lirio de un día, flor de tomate, flor de pepino y chufa, ¡toma cesta de la compra!

La ensaladera del Roland Garros: alcachofas aliñadas con yema, puré de berenjena y ajos tiernos.

Juego ganado: salmonete con crema de hongos y nueces frescas.

Volea: pichón asado y reposado con tomate raf seco, yogur y especies árabes.

Revés a dos manos: las flores del entorno, remolacha, frutos rojos y regaliz.

Salto de la red: leche ahumada, semillas de café y cacao especiado.

«Soy duro. ¿No? Muy duro. A lo mejor con el tiempo me relajo. No es bueno para mí ni para los que me rodean. No soporto la suciedad. No soporto que se trabaje mal, no soporto los malos olores, no soporto los malos cortes. No soporto que la gente no vea que lo hace mal a pesar de que se lo digas, no soporto que el pichón se marque mal, no soporto ver que se cocina mal.»

MADRID 2014
Cocinero 3D

La primera etapa madrileña fue el abrazo del oso y el latigazo del madroño, un amor que le dejó la espalda cruzada de arañazos. Seis años después ha regresado a la capital con ímpetu taurino como director del restaurante Al Trapo, en el Hotel de las Letras. De nuevo, la entrega: «Hemos salido en noventa medios en tres meses.»

El Paco que se largó no es el mismo que ha vuelto, con treinta y dos años. La barba sigue sin crecer, pero ha madurado a golpes: tuvo un desamor que pudo haberlo descalabrado. En el Hotel Ferrero levantó una estrella Michelin, pero por una disputa con la propiedad —es lo que se suele decir— se marchó en abril de 2013 tras haber gastado más de 40.000 euros en proveedores, personal y vajilla con la que emplatar la nueva temporada. Esa temporada 2013 que nunca existió: un agujero negro.

«Lo pasé fatal, estuve desorientado, pensé que tenía que ir a Córdoba.» Llamó a amigos y les soltó: «Me largo a casa.» Fue un arrebato, porque, entonces, no tenía nada que hacer allí. Mañana, sí. El futuro es cordobés.

De hotel a hotel a hotel a hotel. Recibió el verano como asesor de un establecimiento en Menorca, el Hotel Torralbenc, y en invierno se refugió en Madrid, donde lo acogieron en el Hotel de las Letras con la pasión del reencuentro.

Advierte ante las efusiones descontroladas: «Al Trapo es un restaurante divertido, relajado, alta cocina informal.» Alta cocina pequeña, alta cocina popular: hay terminología de la que estirar. Quiere decir que aquel Paco entregado al Poder Verde, a la revolución de la coliflor y a la sutileza y al riesgo y a transitar por caminos difíciles ha optado aquí por la contundencia y la claridad.

¿Quién puede resistirse a los raviolis de manitas de cordero con salsa *périgueux* y ralladura de trufa negra? ¿O al cruasán? Sí, cruasán, de centolla, mayonesa de *kimchi* y polvo de yogur, con una acidez de rechinar los dientes. Esas pequeñas transgresiones. Un rato soy clásico, otro rato soy moderno. «De todo y de nada, de la experiencia, de los viajes, de lo que he ido pillando por ahí.» La respuesta a la pregunta ¿de-qué-va-esto? Toda cocina tiene algo de pillaje.

En esta visita, Paco cenará en la sala para ver cómo se desenvuelve el servicio. Sabe que tiene que controlar la potencia de las salsas y recordar a los cocineros que prueben los platos antes de pasarlos. Una regla que, a veces, los jóvenes olvidan. Y aunque el servicio ha salido bien, con platos para chuparse de los dedos al codo, como la papada con *brioche*, cacahuetes, salsa teriyaki y hojitas de menta, Paco se levanta para devolver las sardinas en vinagre con rábanos con el jugo de su hoja, más amargas que una ley del PP. Lo toma como una lección, para sí mismo y para los demás. Habla con el jefe de cocina y con el equipo para que corrijan el disparate. A la vuelta sonríe, tal vez arrastra algunos gritos: «Estas cosas van bien.» Mejor el error en su mesa que en la de un cliente.

Unas propuestas en apariencia menores: las alcachofas salteadas con láminas de tocino ibérico o la berza con sesos rebozados. Poder Verde, sí; Poder de la Casquería, también. Los cortes de paloma torcaz con pasta udón y salsa de ostras entran en el cuadro de honor del *moralismo*. En los postres, recuerdos de Bocairent con la *mousse* de té verde y los frutos rojos con remolacha y regaliz.

Paco tiene talento para las combinaciones insólitas, elementos que no se buscan pero que se quieren. Trasladará ese toque a Córdoba, al restaurante que planea —¿el definitivo?— y para el que recoge financiación con los trabajos de multichef, de Chef Por Poderes. El Pequeño Califa vuelve al hogar.

«Primero, el centro de I+D, donde se perfilará el trabajo para las asesorías. Y en 2015, justo al lado, comunicados ambos espacios, el restaurante, Noor, que significa *luz* en árabe. ¿Qué se comerá? Una mezcla de árabe, mozárabe y judío. Recibirá público tres o cuatro días a la semana. Y dos temporadas, primavera y otoño.» Sabe, porque es astuto, que la especialización da rendimiento, que la concreción de un discurso ayuda a vender. Pero también sabe que la charlatanería sin cocina, sin una gran cocina, es el camino directo al fondo del barranco.

«Quiero profundizar en las raíces. Pienso en un pincho de cordero y en un pinar. El pincho ensartado con una ramita de pino. Al comer ese pincho moruno, el comensal tiene que decir: "Estoy en Córdoba."»

El Pequeño Califa ha regresado al barrio, a Cañero. «Al barrio en el que nací. Al final, mi arrendador es mi padre. Resulta que yo creía que preparaba pollos asados y ¡ha ido comprando pisos!» Los bajos que acogerán el taller y el restaurante son suyos. «Todo queda en familia.»

El Pequeño Califa retorna al barrio y al recuerdo del Porsche amarillo de Joaquín Cortés cuando andaba ennoviado con Naomi Campbell. Un rugido de animal en celo por calles estrechas.

Los chefs deciden con detenimiento el diseño de sus cocinas, pero prestan una atención desordenada a la sala. La generosidad es pensar en el cliente. *Yo*, la cocina. *Nosotros*, la sala.

El reto de construir el Restaurante Total, no solo lo que se come y cómo se come, sino en qué lugar se comer. ¿Cómo será la mesa? ¿Un artilugio sensorial que se iluminará o hablará o soltará ráfagas de música al compás de los platos como otra forma de maridaje? ¿Y el sonido ambiente? ¿Y la luz? ¿Recogida, monacal, ambulatoria? El futuro, una parte del futuro, pasará por espacios que faciliten la multisensorialidad. Plantear eso al arquitecto José Ramón

Tramoyeres, socio del estudio Green Geometries Laboratory, es estimularlo, es enardecerlo, es provocarlo.

Tramoyeres ha proyectado con Paco un restaurante transportable. Experimentan juntos con las impresoras 3D, desarrolladas en colaboración con el Institut d'Arquitectura Avançada de Catalunya.

El arquitecto se expresa con tiralíneas: «Con la comida, la impresora funciona menos. Te permite figuras sin molde, las texturas son untuosas, chocolate, queso, fuagrás. En lo que estamos trabajando es en las vajillas de plástico. Tiene muchas ventajas. La exclusividad, el buen precio, las tiradas cortas, no necesitas *stock* y es posible imprimir en cualquier parte.» Un cocinero puede encargarles un número concreto de servicios para un plato determinado. Un soporte exclusivo que pesa poco y que es de fácil almacenaje. Del Poder Verde al Poder Plástico. Veleidades de chef tecnonatural.

Ramón enseña a Paco las nuevas muestras, «piezas con una cierta inteligencia». Asombroso: pedazos de plástico *pla* que se mueven, mecanismos engarzados gracias a la máquina. Paco reflexiona mientras coloca la palma sobre ese erizo o posidonia. La pieza roja, con púas, podría ser el uno o la otra. Complejidad inorgánica. «Podemos utilizarla para servir algas crujientes, mira, clavadas aquí...» Podríamos, podríamos esto, podríamos lo otro.

Esta noche dormirá en Madrid, acunado por las frases de escritores célebres que grafían las paredes del Hotel de las Letras. Mañana volará a Menorca. A finales de semana se plantará en Córdoba. En el barrio de Cañero para comenzar a construir un restaurante desde el que asaltar el cielo, el cielo del paladar. El Pequeño Califa alza la cimitarra y la impresora 3D.

CÓRDOBA 2015
Hacia Noor, hacia la luz

Desde unas gafas de pasta dura, grandes para la cabeza, Paco mira hacia el horizonte con el deseo ansioso del que tiene hambre, hambre exagerada, aspiraciones, y buenos dientes: «He cumplido treinta y tres años. Tengo treinta para crecer en Córdoba. Estoy a la mitad.»

LOS PLATOS VERTEBRALES

2008 Bacalao en costra con cebolleta tierna, lenteja
y panceta crujiente

Fritura a la andaluza, pero con aceite de semillas. En aquel año se hizo el escarchado pero en caliente, con fécula de patata que nos ayudaba a darle un aspecto blanco.

2009 Mercado en el plato [VER RECETA]

Homenaje a mi maestro Andoni Luis Aduriz. El libro *El mercado en el plato* me dio pistas en busca de una elaboración con matices frescos, herbáceos, florales y vegetales.

2010 Hoja de higuera con «gin»

Un cóctel pero servido en plato. Me seduce la hoja de higuera, quería hacer un gintónic de entrada pero que estuviera muy arraigado a la naturaleza. Llevaba enebro y clorofila de hoja de higuera muy brava llevada al límite.

2011   Espinacas tiernas con queso manchego y nueces frescas [VER RECETA]

Un vegetal en estado puro como la espinaca, acompañado con nueces frescas. Le dan el toque crujiente para no hacer monótono comer estas verduras. El lácteo lo aporta la crema de queso manchego y las pieles de nuez le dan un toque rancio. La clave es el aceite de romero.

2012   Perfecto-imperfecto de buey de mar, guindilla y huevas de arenque ahumado.

Plato con estética impecable. Un frío-caliente es multicultural, con muchos matices, picantes, dulces, ahumados. Define mucho mi cocina.

2013   Frutos rojos del entorno, remolacha y regaliz [VER RECETA]

Postre con regalices, muchos frutos rojos y remolacha. Fresco, muy fresco donde nos gusta el equilibrio entre la frescura y la sabrosura.

2014   Cruasán con centolla y mayonesa de «kimchi».

Tapa en discordia con el ácido del polvo de yogur, la centolla que se entremezcla con la mayonesa y el *kimchi* coreano.

Mercado en el plato

Ingredientes y elaboración
Para 10 personas

Para el gel de tomate

500 g de tomate del terrero
Xantana
Sal

Triturar el tomate en rama y dejar colar durante 12 horas en la nevera con un lito limpio.

Por cada 450 gramos de agua de tomate transparente poner 5 gramos de xantana.

Meter en un biberón y reservar.

Para el cuscús de coliflor

1 coliflor

Con la ayuda de una puntilla, cortar la parte de la coliflor (no más de 2 milímetros).

Escaldar en un cazo con agua y sal fina durante 30 segundos. Enfriar en agua/hielo. Reservar.

Para el cuscús de brócoli

1 brócoli

Con la ayuda de una puntilla, cortar la parte del brócoli (no más de 2 milímetros).

Escaldar en un cazo con agua y sal fina durante 30 segundos. Enfriar en agua/hielo. Reservar.

Para los bastones de tomate raf

2 tomates raf

Cortar el tomate en rodajas de medio centímetro de grosor.

Cortar bastones de 2 centímetros de longitud del centro del tomate.

Reservar.

Para los bastones de pepino
(3 × persona)

1 pepino

Cortar el pepino en rodajas de 3 centímetros de grosor

Hacer láminas de medio centímetros de grosor.

Sacar bastones de 3 centímetros de las láminas del pepino. Reservar.

Para el espárrago blanco
(3 × persona)

1 espárrago blanco

Cortar el espárrago blanco en láminas finas de 2 milímetros de grosor.

Hacer cuadrados perfectos de 2 x 2 centímetros. Reservar.

Para el higo verde (3 × persona)

2 higos verdes

Cortar rodajas finas de la punta de los higos verdes. Reservar.

Para la nuez de macadamia

1 nuez

Cortar con la ayuda de una puntilla muy afilada pequeñas cuñas de nuez de macadamia. Reservar.

Para las espinacas

10 hojas de espinacas

Cortar la hoja de la espinaca en cuadrados perfectos de 2 x 2 centímetros. Reservar.

Para las hojas de rosa
(3 × persona)

12 pétalos de rosa

Cortar los pétalos de la rosa en triángulos iguales. Reservar.

Para los arándanos

4 arándanos

Seleccionar arándanos que no estén mustios ni dañados. Reservar.

Para las fresas silvestres

4 fresas silvestres	Seleccionar fresas silvestres que no estén mustias ni dañadas. Reservar.

Otros ingredientes

4 brotes de hinojo
4 unidades de álsine
4 unidades de oxalis
4 brotes de rosa
4 unidades de flor de salvia
4 unidades de flor de ajo
4 unidades de flor de lobularia
4 unidades de flor de romero
4 unidades de flor de tomillo
4 unidades de flor de mostaza
4 unidades de flor de guisante
4 unidades de flor de cola de caballo
40 ml de aceite de oliva arbequina
Sal de escamas

Presentación

En un plato llano, poner un aro de 10 centímetros en el centro, cubrir el fondo con gel de tomate con una altura de 4 milímetros. Sobre la superficie del gel de tomate, espolvorear el cuscús de brócoli y el cuscús de coliflor. Con la forma de un triángulo equilátero, colocar los bastones de tomate. Y los bastones de pepino, en otro triángulo pero a la inversa.

Encima de cada tomate, un cuadrado de espárrago blanco y, sobre este, los pétalos de rosa. Colocar encima del pepino los cortes de higo verde.

Disponer el cuadrado de espinaca en el centro del plato y, sobre este, la flor de mostaza y la cuña de nuez de macadamia.

Colocar el arándano en la parte inferior y, junto a este, la fresa silvestre.

Terminar el plato colocando todas las flores de manera que se intercalen los colores sobre el gel de tomate sin que se toquen.

Quitar el aro y terminar con el aceite arbequina y la sal de escamas.

Espinacas tiernas con queso manchego y nueces frescas

Ingredientes y elaboración
Para 10 personas

Para la gelatina de espinacas

400 g de licuado de espinacas
4 g de hoja de gelatina
1,4 g de zumo de limón
Sal

Limpiar bien las espinacas y licuarlas. Poner a punto de sal y de zumo de limón y añadir la hoja de gelatina, previamente hidratada y disuelta en parte del licuado.

Cuajar platos dentro de la cámara a 15º y dejar enfriar.

Reservar en cámara hasta el momento de su utilización.

Para la crema de queso

300 g de leche
145 g de queso manchego
30 g de queso Flor de Esgueva
Glutamato
Sal
Xantana (0,5 × 350 g)

Hervir la leche con el queso manchego y Flor de Esgueva en un cazo. Una vez que el queso esté tierno, triturar con el túrmix y pasar por un colador.

Añadir sal y glutamato y meter la mezcla en el vaso de la Pacojet. Congelar el vaso por espacio de 24 horas a −14 °C y turbinar. Descongelar y texturizar con xantana. Calentar en el momento del pase.

Para las nueces frescas

5 nueces frescas

Quitar la parte verde y guardar para otra elaboración. Abrir con cascanueces con mucho cuidado y hacer cuartos, dejar en agua fría durante 10 minutos. Con una puntilla curva, quitar las dos pieles que recubren las nueces y meter en la deshidratadora. Reservar en agua fría con perejil para que no se oxiden.

Para la sal de nueces

Pieles de nueces frescas
deshidratadas *(ver paso anterior)*
Sal

En un mortero, machacar las pieles deshidratadas de las nueces con la sal. Reservar.

Para las hojas de espinacas

20 hojas de espinacas tiernas
Bicarbonato
Agua mineral
Sal

Escaldar las hojas de espinacas tiernas en agua con bicarbonato y sal. Enfriar con agua/hielo y secar sobre papel absorbente. Reservar.

Para el aceite de romero

300 g de aceite de semillas
40 g de romero fresco

Lavar bien el romero y meter en una bolsa al vacío junto con el aceite de semillas. Cocinar en el Roner a 70 ºC durante 3 horas. Sacar y colar. Reservar en un biberón.

Para los brotes de álsine
(4 × persona)

40 brotes de álsine grandes

Seleccionar los brotes de álsine que no estén dañados ni mustios. Reservar entre papeles húmedos hasta su utilización.

Presentación

Calentar los platos de espinacas en salamandra. Salsear con la crema de queso en forma de espiral. Aliñar con aceite de romero.

Colocar las espinacas en forma de cubo con una en medio. Colocar cuatro nueces entre las espinacas; y una, encima de la espinaca central.

Sazonar con la sal de nueces y hacer una línea fina por el borde del plato.

Terminar colocando los brotes de álsine alrededor de la espinaca central (a las 12, a las 3, a las 6 y a las 9).

Frutos rojos del entorno, remolacha y regaliz

Ingredientes y elaboración
Para 10 personas

Para el sorbete de moras

200 g de moras
100 g de agua
100 g de azúcar

En un cazo, hervir el agua y el azúcar hasta que se disuelva. Añadir las moras congeladas, tapar con papel *film* y dejar infusionar durante 30 minutos.

Triturar con el túrmix y colar por fino. Reservar 50 gramos en un biberón y mantecar el resto. Reservar en congelador de pase a −16 ºC.

Para el «coulis» de frutos rojos

200 g de frutos rojos
100 g de azúcar
100 g de agua

En un cazo, hervir el agua y el azúcar hasta que se disuelva. Añadir los frutos rojos congelados, tapar con papel *film* y dejar infusionar durante 30 minutos. Triturar con el túrmix y colar por fino.

Para la crema helada de frutos rojos

200 g de *coulis* de frutos rojos
(ver paso anterior)
2 unidades de hojas de gelatina
100 g de nata

Hidratar las hojas de gelatina. Calentar el *coulis* y disolver la gelatina. Añadir la nata, remover, filtrar por un colador fino, pasar por la Pacojet y congelar a −16 °C. Turbinar en el momento del pase.

Para la tintura de remolacha

1 remolacha de 150 g
15 g de vinagre Fórum

Pelar la remolacha, licuar y filtrar por un fino.

Por cada 50 gramos de licuado de remolacha añadir 15 gramos de vinagre Fórum. Conservar en la cámara en un contenedor hermético.

Para el merengue de moras

25 g de clara de huevo
11 g de azúcar
5 g de puré de moras
(del primer paso)

En un bol, montar las claras junto con el azúcar y el puré de moras.

Otros ingredientes

4 moras

8 arándanos
12 fresas silvestres
Polvo de pastillas Juanola
Polvo de fresas *(fresas deshidratas y trituradas)*
12 brotes de arándanos
Flores del entorno *(dependiendo de la estación del año)*

Presentación

En un plato semihondo, con un molde redondo de 7 centímetros de diámetro, pintar la base con la tintura de remolacha y secar en salamandra hasta que quede adherida al plato. Dejar enfriar.

Con la ayuda de un molde cuadrado, apoyado justo en el centro, espolvorear el polvo de fresas haciendo una base por el interior del molde.

Cortar la mora por la mitad. Disponer una mitad en el centro del cuadrado y, la otra, en la parte superior derecha. Colocar un arándano en la parte superior izquierda y, otro, en la parte inferior central. Por último, disponer una fresa silvestre junto a los arándanos y la mora de las esquinas.

Decorar con las flores el contorno de la tintura de remolacha.

Hacer tres puntos grandes de crema helada de frutos rojos. Formar un triángulo equilátero en sentido opuesto a los frutos rojos. Espolvorear con regaliz los tres puntos y la mora central. Decorar cada punto con un brote de arándano.

Montar el merengue al momento y emplatar una cucharada mediana en el centro del plato.

Acabar el postre con una *quenelle* de sorbete de mora encima del merengue.